浙江省普通高校"十三五"新形态教材
高等职业教育汽车类专业创新教材

汽车维护与保养

（配实训工单）

主　编　苏占华　吴荣辉
副主编　林　康　厍银柱　唐　毅

二维码总目录

机械工业出版社

本书是2020年浙江省普通高校"十三五"新形态教材建设项目,以市场上典型的主流车型为例,全面、系统地介绍了汽车维护与保养的知识和技能,包括汽车维护基础认知,汽车油液与滤清器检查及更换,车轮与轮胎检查、调整及更换,电源与起动系统检查及更换,以及参照近年来技能竞赛及行业标准执行的汽车整车维护操作规范。

本书有很强的实用性和可读性,涵盖内容广泛,并配有视频(通过扫描二维码观看)、教学电子课件、可修改的实训工单等丰富的资源。

本书适合职业院校汽车检测与维修等相关专业学生使用,也适合其他汽车专业学生学习,同时还可供在职的汽车售后服务顾问、维修技师、保险理赔员以及其他汽车行业工程技术人员阅读参考。

图书在版编目(CIP)数据

汽车维护与保养:配实训工单 / 苏占华,吴荣辉主编.
—北京:机械工业出版社,2023.3(2024.2重印)
高等职业教育汽车类专业创新教材 浙江省普通高校"十三五"新形态教材
ISBN 978-7-111-72731-6

Ⅰ.①汽… Ⅱ.①苏… ②吴… Ⅲ.①汽车–车辆修理–高等职业教育–教材 ②汽车–车辆保养–高等职业教育–教材 Ⅳ.①U472

中国国家版本馆CIP数据核字(2023)第040029号

机械工业出版社(北京市百万庄大街22号 邮政编码100037)
策划编辑:齐福江　　　　　责任编辑:齐福江
责任校对:贾海霞　张　薇　封面设计:张　静
责任印制:刘　媛
北京中科印刷有限公司印刷
2024年2月第1版第2次印刷
184mm×260mm·12.5印张·295千字
标准书号:ISBN 978-7-111-72731-6
定价:55.00元

电话服务　　　　　　　　　网络服务
客服电话:010-88361066　　机　工　官　网:www.cmpbook.com
　　　　　010-88379833　　机　工　官　博:weibo.com/cmp1952
　　　　　010-68326294　　金　书　网:www.golden-book.com
封底无防伪标均为盗版　　　机工教育服务网:www.cmpedu.com

前言

"汽车维护与保养"是职业教育汽车类专业群的主干课程之一。汽车维修企业对汽车职业院校毕业生最基本的要求就是能规范地完成汽车维护工作,因此在汽车类人才培养计划中,掌握汽车维护相关的知识和技能是对汽车类专业毕业生的基本要求。"汽车维护与保养"课程在汽车类人才培养计划中占有举足轻重的地位,课程质量的高低直接影响人才培养的质量。因此,我们组织教学一线的教师、行业专家和实践型技能人才,共同编写了这本《汽车维护与保养(配实训工单)》,供汽车职业教育相关专业师生选择使用。

本书是2020年浙江省普通高校"十三五"新形态教材建设项目的成果,并在"浙江省高校教材建设网"公示。全书共分为5个项目:项目一介绍了汽车维护基础认知,内容为汽车维护技师岗位认知、汽车维修企业5S现场管理、汽车举升机操作规范,以及汽车基本防护和安全检查;项目二介绍了汽车油液与滤清器检查及更换,内容为发动机油液与滤清器检查及更换、底盘油液检查及更换,以及空调滤清器与制冷剂检查及更换;项目三介绍了车轮与轮胎检查、调整及更换,内容为车轮与轮胎检查、换位及更换,以及车轮动平衡、车轮定位检查及调整;项目四介绍了电源与起动系统检查及更换,内容为电源系统检查及蓄电池、发电机更换,以及起动系统检查及起动机更换;项目五介绍了汽车整车维护操作规范,内容为汽车职业院校技能竞赛整车维护项目及汽车维修企业要求的双人快保操作规范。

本书有很强的实用性和可读性,涵盖内容广泛,思路表达清晰,适合职业院校汽车检测与维修等相关专业学生使用,也适合其他汽车专业学生学习,同时还可供在职的汽车售后服务顾问、维修技师、保险理赔员以及其他汽车行业工程技术人员阅读参考。

本书由台州职业技术学院苏占华(编写项目一、项目三、项目五以及拍摄制作视频资源)、汽车行业专家吴荣辉(全书内容规划及资源整合)任主编,台州职业技术学院林康(编写项目二)、内蒙古农业大学职业技术学院库银柱(编写项目四)、汽车行业专家唐毅(编写实训工单)任副主编,参加编写的人员有台州职业技术学院黄万友、重庆经贸职业学院金朝昆、成都工业职业技术学院胡丁凡、深圳宝山技工学校熊文超。北京教盟博飞汽车科技有限公司为本书提供技术支持。本书在编写过程中,参考了大量国内外相关著作、汽车厂家的培训课件及其他文献资料,在此一并向有关作者及汽车厂家表示最真诚的感谢!

限于编者的水平,书中难免存在不当之处,敬请广大读者批评指正。

编 者

目录

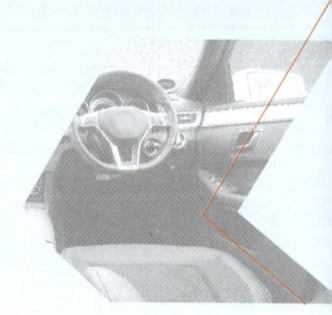

前言

项目一
汽车维护基础认知 / 001
任务一　汽车维护技师岗位认知 / 001
任务二　汽车维修企业 5S 现场管理 / 009
任务三　汽车举升机规范操作 / 016
任务四　汽车基本防护和安全检查 / 027

项目二
汽车油液与滤清器检查及更换 / 036
任务一　发动机油液与滤清器检查及更换 / 036
任务二　底盘油液检查及更换 / 054
任务三　空调滤清器与制冷剂检查及更换 / 069

项目三
车轮与轮胎检查、调整及更换 / 079
任务一　车轮与轮胎检查、换位及更换 / 079
任务二　车轮动平衡、车轮定位检查及调整 / 092

项目四
电源与起动系统检查及更换 / 103
任务一　电源系统检查及蓄电池、发电机更换 / 103
任务二　起动系统检查及起动机更换 / 110

项目五
汽车整车维护操作规范 / 115
任务一　汽车整车维护双人快保操作规范（上）/ 115
任务二　汽车整车维护双人快保操作规范（下）/ 132

参考文献 / 140

项目一
汽车维护基础认知

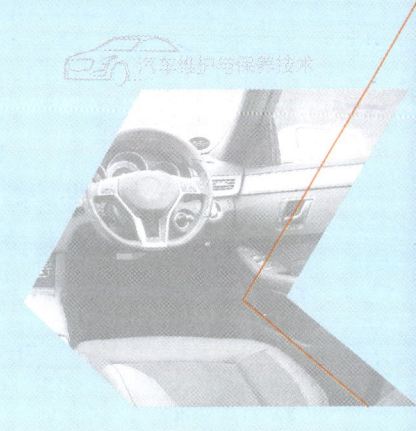

本项目主要学习汽车维护基础的知识和技能，有 4 个工作任务：任务一 汽车维护技师岗位认知；任务二 汽车维修企业 5S 现场管理；任务三 汽车举升机规范操作；任务四 汽车基本防护和安全检查。通过 4 个工作任务的学习，你能掌握汽车维护的基础知识和技能，为后续的课程学习奠定基础。

任务一 汽车维护技师岗位认知

▶ 情境导入

情境描述

在汽车维修行业中，维护技师是必不可少的岗位。无论是哪一个岗位，首先都要端正自我，掌握本岗位或工种的基本流程并具备良好的职业素养。

情境提示

作为一名汽车维护技师，必须掌握基本的工作原则，包括 5S 管理、车辆基本保养流程、基础工具设备的使用等。通过本任务的学习，你能掌握作为一名合格的维护技师所要具备的要求。

▶ 学习目标

知识目标

1. 能描述汽车定期维护的目的、标准与分级。
2. 能描述汽车维护的周期与工作内容。
3. 能描述汽车维护门店人员构成与维护技师岗位职责。

技能目标

1. 能遵守汽车维修人员的职业素养。
2. 能掌握汽车维护技师的主要工作内容。

一　基本知识

1. 汽车定期维护的目的、标准与分级

（1）汽车定期维护的目的

汽车的维护俗称保养。汽车在使用中，由于各种因素的影响，各系统零部件必然会产生不同程度的磨损，技术状况也会逐渐变差，使用性能降低。为了减少汽车各系统零部件的磨损，保持汽车技术状况良好，延长汽车的使用寿命，防止事故发生，减少燃油的消耗，应及时对车辆进行定期预防性维护，经过调整和更换来保持其性能。通过实施定期维护，可以确保车辆的长期有效正常运转以及确保用户的满意度。定期维护的好处如下：

1）能够避免车辆使用过程中发生重大故障。
2）可以使车辆保持符合法规规定的技术状态。
3）可以延长车辆的使用寿命。
4）用户可以享受既经济又安全的驾车体验。

图1-1-1是汽车维护重要性的示意图。

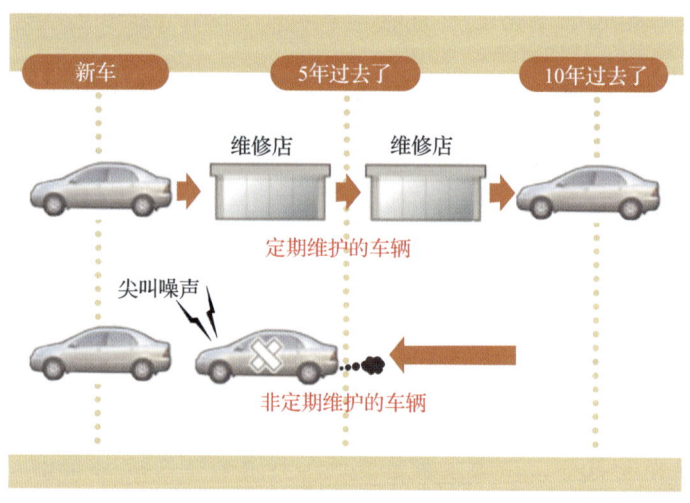

图1-1-1　汽车维护的重要性

（2）汽车维护的国家标准

目前我国汽车维修企业所执行的国家标准是2017年7月1日实施的GB/T18344—2016《汽车维护、检测、诊断技术规范》，此标准曾多次进行修订，是汽车维修和检测行业对在用车辆进行维护、检测、诊断的规范性技术标准，也是一个全面贯彻车辆二级维护制度的通用性标准，标准中提出的车辆各级维护的基本内容和方法，适用于所有车型。

（3）汽车维护的分级

1）日常维护。日常维护是指以清洁、补给和安全检视为作业中心内容，由驾驶员负责执行的车辆维护作业。

2）一级维护。一级维护是指除日常维护作业外，以清洁、润滑、紧固为作业中心内容，并检查有关制动、操纵等安全部件，由维修企业负责执行的车辆维护作业。

3）二级维护。二级维护是指除一级维护作业外，以检查、调整转向节、转向摇臂、制动蹄片、悬架等部件，经过一定时间的使用容易磨损或变形的安全部件为主，并拆检轮胎，

进行轮胎换位，检查调整发动机工作状况和排气污染控制装置等，由维修企业负责执行的车辆维护作业。

2. 汽车维护的周期与工作内容

（1）汽车维护的周期

1）日常维护的周期。日常维护在"出车前、行车中、收车后"完成。

2）一级和二级定期维护的周期。一级和二级定期维护的周期要根据汽车的类型、结构、行驶条件、所使用的燃料和润滑油料的品质及保养质量等因素相应变化。表1-1-1是我国客车和货车的维护周期表。

表1-1-1 我国客车和货车的维护周期表

适用车型		维护周期	
		一级维护行驶里程间隔上限值或行驶时间间隔上限值	二级维护行驶里程间隔上限值或行驶时间间隔上限值
客车	小型客车（含乘用车）（车长≤6m）	10000 km 或者 30 日	40000 km 或者 120 日
	中型及以上客车（车长>6m）	15000 km 或者 30 日	50000 km 或者 120 日
货车	轻型货车（最大设计总质量≤3500kg）	10000 km 或者 30 日	40000 km 或者 120 日
	轻型以上货车（最大设计总质量>3500kg）	15000km 或者 30 日	50000 km 或者 120 日
挂车		15000 km 或者 30 日	50000km 或者 120 日

注：对于以山区、沙漠、炎热、寒冷等特殊运行环境为主的道路运输车辆，可适当缩短维护周期。

通常车辆的维护周期是由里程表上的读数或距上次维护（或维修）的时间与使用条件来决定的。一般规定时间和里程数两个条件，达到条件之一后就要对某项内容进行维护。如图1-1-2所示，如果车辆某个具体零件的维护计划规定为40000km或24个月，则这些条件中满足任一条件时，就是维护满期日。

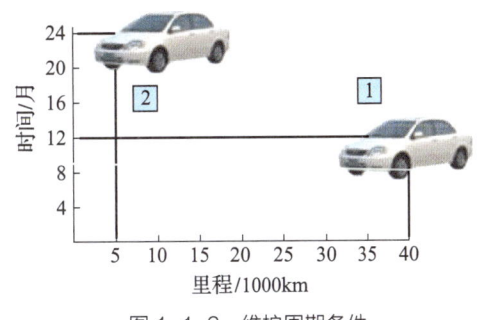

图1-1-2 维护周期条件

▶ **提示** 车辆的维护日程表通常是由许多因素来决定的，例如车型、车龄、车辆的使用地点和车辆的用途。如果车辆经常在非常恶劣的路况行驶，就需要对车辆进行比较频繁的维护。

（2）常见品牌车型定期维护的周期和工作内容

目前的汽车生产厂商对于车辆的维护周期并没有严格按"一级维护""二级维护"执行，而是以时间和里程确定周期，各汽车品牌之间通常仅首保（首次维护）及保养（维护）周期间隔不同。

表1-1-2是几种常见品牌车型（以乘用车为例）定期维护周期表，表1-1-3是丰田卡罗拉定期维护（保养）周期及工作内容，表1-1-4是大众迈腾定期维护（保养）周期及工作内容，其他品牌车型可参照相关的用户手册。

表 1-1-2　几种常见品牌车型的定期维护周期表

品牌	车型	首次维护	第二次维护	维护间隔
一汽丰田	卡罗拉	5000km/3 个月	10000km/6 个月	5000km/3 个月
一汽大众	迈腾	7500km/6 个月	15000km/12 个月	7500km/6 个月
上汽大众	帕萨特	5000km/6 个月	12500km/12 个月	7500km/6 个月
上汽通用雪佛兰	科鲁兹	5000km/3 个月	10000km/6 个月	5000km/3 个月
一汽奥迪	A6L	5000km/6 个月	12500km/12 个月	7500km/6 个月

表 1-1-3　丰田卡罗拉定期维护（保养）周期及工作内容

里程/km	机油	机油滤清器	空气滤清器	燃油滤清器	空调滤清器	制动液	变速器油	转向助力油	火花塞
5000	●	-	-	-	-	-	-	电子免维护	-
10000	●	●	-	-	-	○	-		-
15000	●	-	-	-	-	-	-		-
20000	●	●	○	-	●	○	-		-
25000	●	-	-	-	-	-	-		-
30000	●	●	-	-	-	-	-		-
35000	●	-	-	-	-	-	-		-
40000	●	●	●	-	●	●	○		-
45000	●	-	-	-	-	-	-		-
50000	●	●	-	-	-	○	-		-
55000	●	-	-	-	-	-	-		-
60000	●	●	○	-	●	○	-		-
65000	●	-	-	-	-	-	-		-
70000	●	●	-	-	-	○	-		-
75000	●	-	-	-	-	-	-		-
80000	●	●	●	●	●	●	○		-
85000	●	-	-	-	-	-	-		-
90000	●	●	-	-	-	○	-		-
95000	●	-	-	-	-	-	-		-
100000	●	●	○	-	●	○	-		●

注：1. ● 表示需要更换，○ 表示检查（视情更换），- 表示通常无需关注。
2. 每 4 万 km 更换制动液；每 8 万 km 更换燃油滤清器；每 10 万 km 更换火花塞。
3. 厂家标准每 5000km 更换机油，每 10000km 更换机油滤清器，但建议每次更换机油同时更换机油滤清器。
4. 厂家标准 16 万 km 首次更换冷却液，以后每 8 万 km 更换，但建议每次保养时检查冷却液，每 4 万 km 更换冷却液。

表 1-1-4　大众迈腾定期维护（保养）周期及工作内容

里程/km	机油机滤	空气滤清器	空调滤清器	燃油滤清器	变速器油	转向助力油	火花塞	制动液
7500	●	○	○	○	○	○	○	○
15000	●	○	○	○	○	○	●	○
25000	●	○	●	○	○	○	●	○

（续）

里程/km	机油机滤	空气滤清器	空调滤清器	燃油滤清器	变速器油	转向助力油	火花塞	制动液
35000	●	●	○	○	○	○	○	○
45000	●	○	○	○	○	○	●	○
55000	●	○	○	●	○	○	○	●
65000	●	●	○	○	●	○	●	○

注：1. ● 表示需要更换，○ 表示检查（视情更换）。
  2. 根据车型配置不同，维护周期及工作内容有区别，以厂家用户手册为准。

3. 汽车维护门店人员构成与维护技师岗位职责

汽车 4S 店、综合汽车维修企业以及汽车快修服务门店（从事维护、小修业务，也有同时从事洗车美容服务）都能从事汽车维护（保养）工作。以汽车快修服务门店为例，基本组织结构如图 1-1-3 所示，服务流程如图 1-1-4 所示。

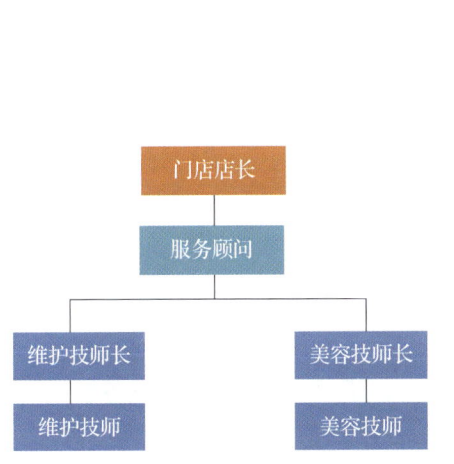

图 1-1-3　汽车快修服务门店基本组织结构　　　图 1-1-4　汽车快修服务门店服务流程

（1）维护服务门店岗位人员构成

1）门店店长：1 人，可兼任服务顾问。负责门店全面管理工作，分配工作并监督每项工作的进程。

2）服务顾问：1 人，也称前台接待或接车员、业务接待等，可兼任店长助理。负责接待客户，确定客户的需求并提供建议，以及车辆的接收和交付工作。

3）维护（美容）技师长：1 人，也称班组长，兼任维护（美容）技师。负责组织维护（美容）技师进行维护（洗车美容）施工，并检查每项工作的质量。

4）维护（美容）技师：负责具体维护（洗车美容）项目的施工。

（2）维护技师岗位职责

1）根据维修委托书或施工单，完成车辆维护施工任务。
2）按照门店的相关规定对车辆做好防护。
3）按照行业标准、维修手册、维修工艺、安全操作规程进行维护作业。
4）按照标准填写施工单，按照相关技术要求做好施工过程中的质量自检、记录工作。
5）准确判断配件需求，节约用料，随用随领，控制成本。
6）根据 5S 规范清洁和保持作业区域内的环境卫生，并负责维护、保管工位内的设备及使用工具。

7）执行24h事故车辆的救援维护工作。

8）负责维护学徒、实习生的业务指导和培训。

9）服从门店店长及上级主管领导，完成上级主管交办的其他工作。严格执行门店的各项规章制度，并对自己所负责的工作承担相应责任。

10）自觉提高自身技能和参加门店组织的各种培训。

二 基本技能

1. 汽车维修从业人员的职业素养

（1）保持职业化形象

汽车维修（维护）技师的职业化形象如图1-1-5所示：穿干净整洁的工装，无带扣的皮带，不戴手表、钥匙扣及其他可能损伤车辆的尖锐物品。

（2）做好车辆防护

如图1-1-6所示，在汽车维护工作中，应注意车辆的防护。

1）要使用防护用品，如地板垫、座椅套、翼子板布、前格栅布、转向盘套，以及车轮挡块等。

2）小心驾驶客户车辆，保持客户车内清洁，非维修需要，切勿使用车辆音响设备或其他设备及物品。

3）维修结束后，记得拿走留在车上的零件和工具，并清除垃圾。

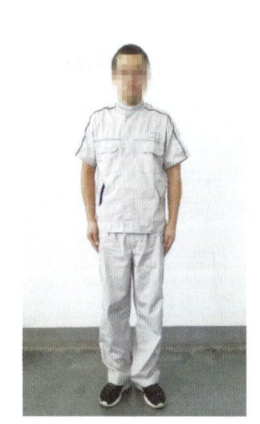

图1-1-5 汽车维修职业化形象

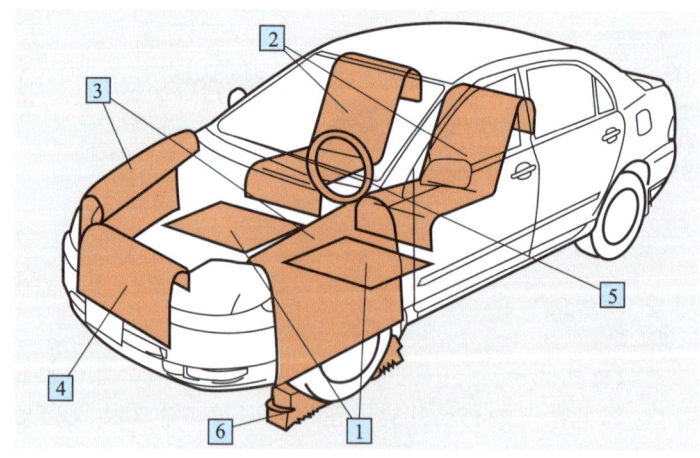

图1-1-6 车辆防护

1—地板垫 2—座椅套 3—翼子板布
4—前格栅布 5—转向盘套 6—车轮挡块

（3）保持车间整洁有序

如图1-1-7所示，保持车辆、车间地面、工具架、工作台、工具设备等的整洁有序。

（4）确保安全生产

图1-1-8所示是确保安全生产的要求，应注意以下事项：

1）正确地使用汽车举升机、千斤顶等设备和工具。

2）小心着火，严禁烟火。

3）切勿搬运过重的物件。

（5）制订工作计划和工作准备

1）确认施工项目及车辆的故障或报修原因。

2）确认已了解客户的需求及服务顾问的指示。若出现返工情况，要特别注意沟通。如果除了规定工作外还有其他工作，应报告给服务顾问，只有在得到客户的同意后方可进行。

3）制订工作计划（工作程序和准备）。

4）确认库存有所需零部件。

5）根据施工单作业，避免出错。

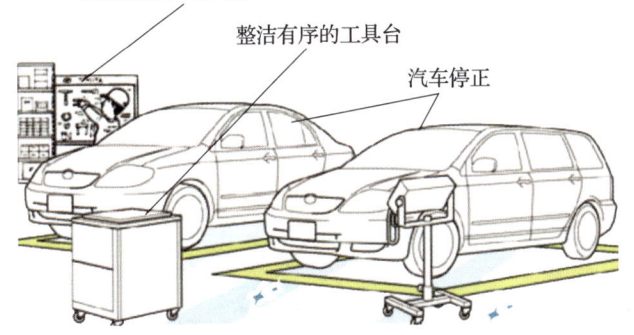

图 1-1-7　整洁有序的车间

图 1-1-8　安全生产要求

（6）快速、可靠地工作

1）使用正确的专用维修工具和检测设备。

2）根据维修手册、电路图和诊断手册进行工作，以避免主观猜测。

3）了解最新技术信息，如生产厂家技术通报上的内容。

4）如果有事情不清楚，应询问服务顾问或者上级主管。

5）如果发现车辆还有不包括在施工单内的其他项目需要维修，应向服务顾问或上级主管汇报。

（7）按时完成

1）如果能按时完成该工作，完成后应仔细检查。

2）如果你认为将推后（或者提前）完成任务或者需要做其他工作，应通知服务顾问或上级主管。

（8）工作完成后检查

1）确认施工项目已完成。

2）确认已完成所有其他需要做的工作。

3）确认车辆至少和你刚接手时是同样清洁的。

4）将驾驶座、转向盘和反光镜返回到最初位置。

5）如果时钟、收音机等的存储内容被删除，应重新设置到进厂时的位置。

（9）保存旧零件

将旧的零件放在塑料袋或者空零件袋中，并放在预定的地方，如放在旧零件展示架或零件库房。

（10）后续工作

1）完成施工单和维修报告（例如：写下故障原因、更换的零件、更换原因、施工时长、维修建议等）。

2）未列在施工单上的任何其他信息，必须通知服务顾问或上级主管。

3）在工作中注意到的任何异常情况应告知服务顾问或上级主管。

2. 汽车维护技师的主要工作内容认知

根据维护技师的岗位职责，以及车辆维护技术要求，应对汽车维护技师的主要工作内容（形式）有初步的认知。

（1）操作检查

通过操作，检查灯光、发动机、刮水器、转向机构等的功能，如图1-1-9所示。

（2）目视检查

检查轮胎、车身外观等，如图1-1-10所示。

图1-1-9 操作检查

图1-1-10 目视检查

（3）零件更换

定期或根据需要更换发动机机油、机油滤清器等，如图1-1-11所示。

（4）螺栓紧固

对悬架、转向、制动等系统重要部件的螺栓根据规定力矩进行紧固，如图1-1-12所示。

（5）液位检查

进行发动机机油、冷却液、动力转向液、制动液、风窗玻璃清洗液等液位的检查，如图1-1-13所示。

图1-1-11 零件更换

图1-1-12 螺栓紧固

图1-1-13 液位检查

（6）其他检查及操作

厂家规定的其他检查及操作。

任务二　汽车维修企业 5S 现场管理

➡ 情境导入

情境描述

当你第一天上班的时候，你的主管叫你做 5S。你知道什么是 5S 吗？你能完成吗？

情境提示

服务现场的环境会影响客户的心情，也会影响客户对企业的综合评价。客户满意度很大程度上受他的感官影响：一个脏、乱、差的地方，维修水平能有多高？会不会把我的车弄得很脏？能否值得信任？因此，保持干净整洁的工作环境是留住客户的关键之一，而推行 5S 现场管理是企业（包括汽车维修服务企业）的重点工作。

➡ 学习目标

知识目标

1. 能描述 5S/6S/7S 的含义、目的及具体内容。
2. 能描述 5S 的推行要点。

技能目标

1. 能体会 5S 工作的重要性。
2. 能正确执行 5S 操作规范。

一　基本知识

1. 5S/6S/7S 概述

5S 起源于日本，是一种现场管理模式，指在生产现场中对人员、机器、材料、方法等生产要素进行有效的管理。

推行 5S 管理的目的在于培养员工的积极性和主动性；创造人和设备皆宜的环境；节约成本，减少浪费，提高生产效率，提升产品的品质、服务水准；培养团队及合作精神。

5S 管理适用于任何企业，特别是生产型企业的现场规范管理。随着经济的发展，5S 现场管理逐渐被管理界所认可，并已成为工厂管理的一股新潮流。

（1）5S 的含义

5S 是指 Seiri（整理）、Seiton（整顿）、Seiso（清扫）、Seiketsu（清洁）、Shitsuke（素养），因为五个单词的日语罗马拼音首字母都是 S，所以统称为 5S 管理。

1）整理：将工作场所的物品分成必需品与非必需品，将必需品留下，将非必需品清理出工作场所。

2）整顿：整顿是将必需品按一定规律放置，并加以标示。

3）清扫：清扫干净工作场所，包括看得见与看不见的地方（如卫生间等场所）。

4）清洁：建立责任区域及管理制度，将清扫所创造的成果保持下去。

5）素养：使员工养成良好习惯，守纪，积极主动，照章办事。

(2) 5S、6S、7S 的关系

随着企业进一步发展的需要，5S 管理理论也在不断地提升之中，有的企业在 5S 的基础上又增加了安全 (Safety) 的要素形成 6S；有的企业再增加了节约 (Save) 的要素形成 7S；也有的企业加上习惯化 (Shiukanka)、服务 (Service) 及坚持 (Shikoku) 的要素，形成了 10S。但是总体而言，其核心思想是一样的，因为都可以把这些增加的"S"融入"素养 (Shitsuke)"的要素里面。

根据实际应用情况，5S、6S 或 7S 都有企业在应用，为了方便，下文除非特别说明，都以 5S 为例称呼。5S、6S、7S 之间的关系如图 1-2-1 所示。

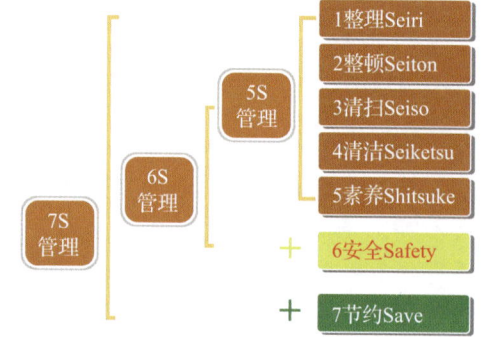

图 1-2-1　5S、6S、7S 之间的关系

2. 5S 推行的要点

推行 5S 现场管理是一项长期坚持不懈的工作。5S 管理是通过由上而下的推行手段，首先要面对的是组织的部门主管干部。如果得不到部门主管干部的共识、支持，就不会达到全员参与的境界，活动就不可能正常开展，所以"干部的心理建设"是非常重要的一环。同时企业还需要通过教育、宣传、成立推行组织以及制订激励措施等使之全面贯彻执行。企业一旦实行了 5S 管理，就必须坚持下去，不停地进行检查、检讨和改善，耐心地教诲每一个人养成习惯。

5S、6S、7S 各环节的实施要点如图 1-2-2 所示。

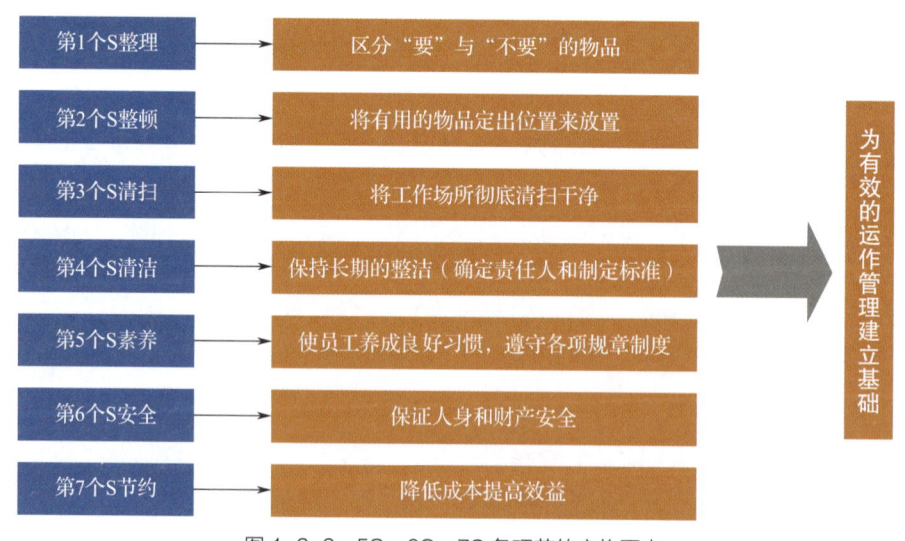

图 1-2-2　5S、6S、7S 各环节的实施要点

(1) 整理环节的推行

区分必需品和非必需品，现场严禁放置非必需品。

1）目的。
①腾出空间，充分利用空间。
②防止误用、误送。
③减少每天重复整理的时间。
2）整理的推行要点。
①按规定整理和利用所有的资源。
②在工作场地指定一处地方来放置所有不必要的物品。
③收集整理工作场地中不必要的物品，然后丢弃。
整理前后的对比照片如图 1-2-3 所示。

整理前　　　　　　　　　　　　整理后

图 1-2-3　整理前后的对比照片

（2）整顿环节的推行

将整理好的物品（包括工具和零件）分类、定位，并进行目视化管理。

1）目的。
①合理地布局，工作场所一目了然，工作秩序井井有条。
②帮助员工立即找到所需的东西，减少"寻找"时间的浪费。
③使工作效率、工作品质和材料控制成本达到最优化。
2）整顿的推行要点。
①将很少使用的物品放在单独的地方。
②将偶尔使用的物品放在你的工作场地。
③将常用的物品放在你的身边。
整顿前后的对比照片如图 1-2-4 所示。

整顿前　　　　　　　　　　　　整顿后

图 1-2-4　整顿前后的对比照片

（3）清扫环节的推行

使工作场地内所有物品保持干净，使设备处于完全正常的状态，以便随时可以使用。

1)目的。

①确保员工的健康和安全。

②尽早发现设备的异常和松动,做好预防保养。

③保证设备正常运作,生产优质产品。

2)清扫的推行要点。

①经过整理、整顿后,必需品处于立即能取到的状态。

②取出的物品还必须完好可用,这是清扫最大的作用。

清扫前后的对比照片如图 1-2-5 所示。

清扫前

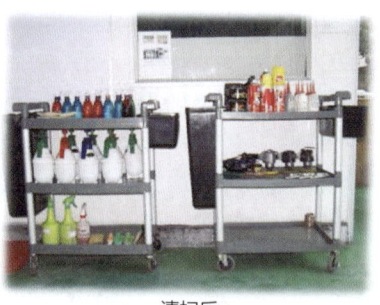
清扫后

图 1-2-5　清扫前后的对比照片

（4）清洁环节的推行

清净环境,贯彻到底。通过标准、制度,维持整理、整顿、清扫状态。

1)目的。

①确保通过制度化、标准化来维持前 3S 的成果。

②正确/错误有相关的展示。

③避免前面的成果半途而废和应付了事的情况。

2)清洁的推行要点。

①落实整理、整顿、清扫的推行,连续、反复进行;对取得的效果不断改善,并形成标准、制度。

②通过培训学习,贯彻 5S 意识,人人了解标准、制度。

③透明管理,强化检查和考核;标准、制度公示,让所有人了解。

④所有物品进行标识,进行目视管理及透明化管理。

⑤加强同事间互相检查(通过早会),管理者巡查,并通过评比,进行考核、激励。

清洁前后的对比照片如图 1-2-6 所示。

清洁前

清洁后

图 1-2-6　清洁前后的对比照片

（5）素养环节的推行

培养和强化员工在日常工作中进行5S的活动，自觉遵守各项规章制度，养成良好的工作习惯。

1）目的。

①通过整理、整顿、清扫、清洁，使每个人都能达到工作要求，并及时制订相应的规章制度，将工作要求标准化、制度化。

②每个人都能准确理解公司的规章制度，都能按照规章制度做事，形成习惯。

③培养具有好习惯、遵守规则的员工。

④提高员工文明礼貌及行为规范。

⑤营造团队精神。

2）素养的推行要点。

①自律形成文化基础，这是确保与社会协调一致的最起码的要求。

②通过学习规章制度方面的培训形成自律。通过培训，学员就可以称得上是企业的员工，会尊重他人，使他人感到舒心。

③定期举办5S活动，通过不断的教育，创造良好风气的工作场所；使个别员工和新人抛弃坏的习惯，养成良好习惯。素养强调的是持续保持良好的习惯。

素养改善前后的对比照片如图1-2-7所示。

改善前　　　　　　　　改善后

图1-2-7　素养改善前后的对比照片

（6）安全环节的推行

在生产经营活动中保障人身安全和财产安全。安全就是消除工作中的一切不安全因素，杜绝一切不安全现象。

1）目的。

①保障人的安全、健康、舒适的工作。

②消除损坏设备、设施、工具、车辆、零配件和一切财产的危害因素，保证维修作业正常进行。

2）安全的推行要点。

①建立安全管理体制，制订安全管理标准、规范，确定每个人都能理解制度，并能够支持制度的推行。

②建立安全生产的环境，对危险区域及物品进行专门管理，并设立明显标识，完善安全防护设施，消除危险隐患。

③制订安全事故应急预案，确定事故发生时每个人的职责及处理流程。
④进行演练，确保事故发生时能及时、有效处理，降低损失。
⑤学习安全知识，提高安全意识，所有工作人员必须具备安全意识。
⑥严格遵守操作规程，预防安全事故。

安全生产相关的安全提示设施如图1-2-8所示。

图1-2-8　安全提示设施

（7）节约环节的推行

生产中，所有人必须养成节省成本的意识，主动落实到人和物。

1）目的：提高经济效益，降低管理成本。

2）节约的推行要点。

①建立耗材零用制度。

②对生产的废料回收，可以利用的加以利用，不能利用的变卖。

二　基本技能

1. 汽车维修企业推行5S管理重要性认知

根据"基本知识"学习的内容，结合不同的汽车维修企业（门店）现场参观，讨论汽车维修企业推行5S管理的重要性。

2. 汽车维修车间5S管理的实施

（1）整理

整理车间的设备、工具、零部件及其他物品，要求如图1-2-9所示。

1）区分车间哪些物品是必需的和不必需的。

2）可废弃的物品分类丢弃到垃圾桶。

3）不必需的设备、工具、零部件等交给设备管理员，按功能放到指定位置。

▶ 警告

1）不要搬运较重的废弃物品。

2）易燃、易爆、有毒的废弃物按规定处理。

（2）整顿

主要针对工具车内的工量具，要求如图1-2-10所示。

1）将很少用的专用工具取出并在规定地方存放。

2）将偶尔用的工量具放在工具车下面几层的规定位置。

3）将常用的工量具放在工具车上面几层的规定位置，工量具按类别摆放整齐。

图 1-2-9　整理车间的物品

图 1-2-10　整顿工具车内的工量具

（3）清扫

清扫车间场地，擦拭设备工具，要求如图 1-2-11 所示。

1）擦拭设备工具过程中，检查设备工具是否能够正常使用，如有异常，需要维护、检修或更换。

2）对重要设备工具进行防护，避免扬尘。

3）清扫时注意地面上有无掉下的小零部件。

4）清扫垃圾及时放到垃圾桶。

5）清扫工具用完后放到规定位置。

（4）清洁

巩固成果，制订管理制度和标准，要求如图 1-2-12 所示。

1）及时处理造成水渍、油污、尘土等的污染源。

2）车间现场、工具车等拍摄照片作为标准。

3）制订管理制度，明确各区域的责任人，并粘贴标准图片。

图 1-2-11　清扫车间场地

图 1-2-12　保持车间清洁

（5）素养

学习、遵守管理制度，提升自身的职业素养，要求如图 1-2-13 所示。

1）熟悉规章制度、流程，结合实际提高专业知识。

2）加强团队合作。

3）爱护车辆及设备、工具。

（6）安全

学习并遵守安全操作规程，检查并排除安全隐患，要求如图 1-2-14 所示。

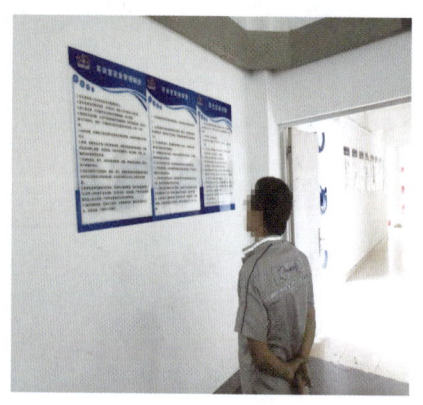
图 1-2-13　提升职业素养

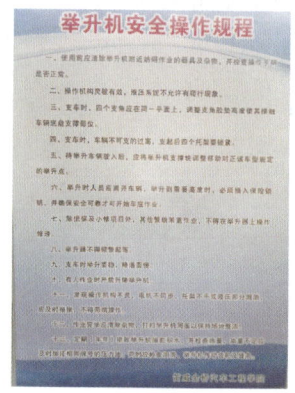
图 1-2-14　遵守安全操作规程

（7）节约

检查车间是否有漏水、漏气的地方；做到人走灯熄，并关闭设备电源；节约工作中需要的耗材，如砂纸、油液等。

任务三　汽车举升机规范操作

▶ 情境导入

情境描述

汽车维护过程中，需要利用举升机举升车辆，以便进行底盘相关的维护工作。你能规范操作举升机吗？

情境提示

举升机操作不当，可能导致车辆损伤，甚至人员伤害。不同类型的举升机具有不同的支撑柱和支撑方法，不同的车辆举升位置也不同，尤其是 SUV、MPV、加装踏板的车辆需要特别注意。

▶ 学习目标

知识目标

1. 能描述汽车举升机的类型。
2. 能描述车辆举升支撑和顶起的正确位置。
3. 能描述举升机操作注意事项。

技能目标

1. 能遵守举升机操作注意事项。
2. 能规范使用举升机进行车辆的升降操作。

一 基本知识

1. 汽车举升机的类型

举升机是一种汽车维修企业常用的专用机械举升设备,广泛应用于小型车辆的维修和保养。汽车维修企业常用的举升机类型有双柱、四柱举升机和剪式举升机。不同类型的举升机具有不同的升降功能、支撑柱和支撑方法。

(1) 双柱、四柱举升机

双柱举升机(图1-3-1)将汽车举升在空中的同时可以节省大量的地面空间,方便地面作业。但是有的双柱举升机为了最大限度地节省材料,去掉了底板。由于没有底板,使得立柱的扭力需要靠地面来抵消,所以对地基要求很高,若是有横梁(称为龙门举升机,图1-3-2),扭力就靠横梁抵消。龙门举升机可配合新能源汽车动力电池拆装举升设备使用。

图1-3-1 普通双柱举升机

图1-3-2 龙门双柱举升机

如果需要举升大型车辆,通常采用四柱举升机(图1-3-3);如果是四轮定位专用举升机,则带二次举升功能(图1-3-4)。

图1-3-3 普通四柱举升机

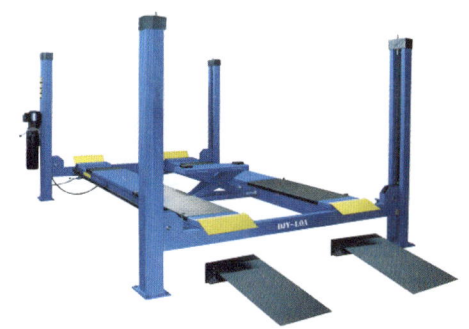
图1-3-4 带二次举升的四柱举升机

(2) 剪式举升机

剪式举升机也称平板举升机,包括小剪式(图1-3-5)举升机和大剪式举升机(图1-3-6)。小剪式举升机专为快修门店而设计,主要用于汽车保养,安全性高,操作方便。小剪式举升机通常采用藏地式安装,挖槽后与地面相平,不占用使用空间。

 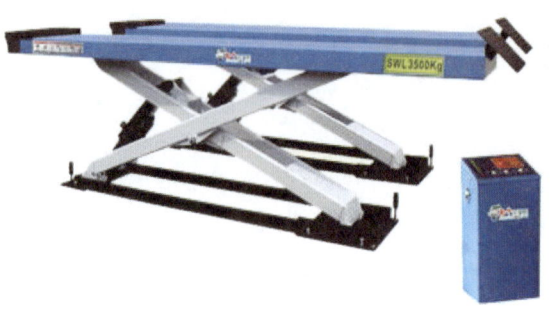

图 1-3-5　小剪式举升机　　　　　图 1-3-6　大剪式举升机

大剪式举升机用于举升 SUV 等大型车辆，在底盘维修、轮胎检查时使用。带二次举升的大剪式举升机（图 1-3-7）是配合四轮定位仪的最佳举升设备。大剪式举升机可以挖槽安装，也可以直接安装在地面上。

2. 车辆举升支撑位置和顶起位置

（1）举升机的支撑位置

大部分车辆设计有指定的举升机支撑部位（支撑点）。图 1-3-8 是一汽大众迈腾汽车厂家指定的支撑点，在车辆下边梁标记区域内"箭头 A"和底板垂直加强件上，"箭头 B"是安装支撑托盘的点。

图 1-3-7　带二次举升的大剪式举升机

> **注意**

1）底板加强件必须平放在举升机支撑盘的正中。
2）将车辆开上举升机前必须保证低垂的车辆部件和举升机之间有足够的间距。
3）将车辆开上举升机前必须确保车重不超出举升机允许的最大起重量。
4）为避免损坏汽车底板或使汽车倾斜，只允许在支撑点上举升汽车。
5）在举升汽车后，即使只有一个驱动轮还在地面上，也不得起动发动机或挂入档位。忽视此警告有发生事故的危险！
6）如果要在汽车下作业，则必须用合适的垫块牢靠地支撑住汽车。

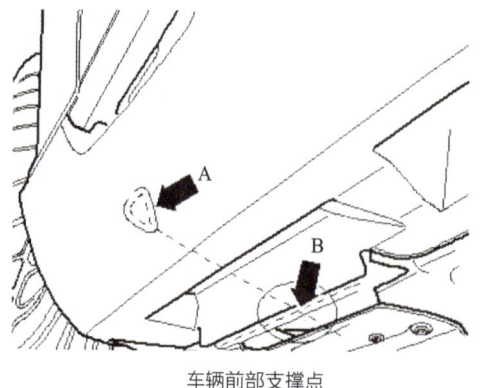 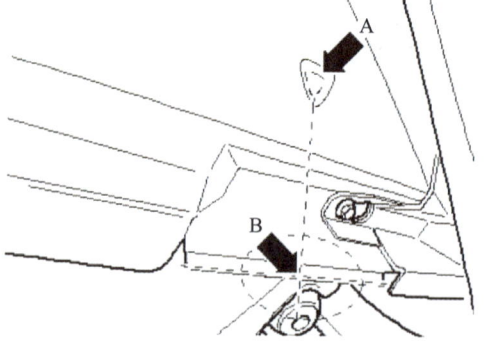

车辆前部支撑点　　　　　　　　车辆后部支撑点

图 1-3-8　一汽大众迈腾举升机支撑点

（2）举升机的顶起位置

在汽车维修保养工作中，为了便于操作，不同的施工项目有其合适的车辆举升位置，原则上以安全和便于操作为准，如图1-3-9所示。

顶起位置1：举升机未升起。
顶起位置2：举升机升至低位。
顶起位置3：举升机升至高位。
顶起位置4：举升机升至中位。
顶起位置5：举升机降至低位。
顶起位置6：举升机升至中位。
顶起位置7：举升机降至低位，轮胎触及地面。
顶起位置8：举升机升至高位。
顶起位置9：举升机未升起。

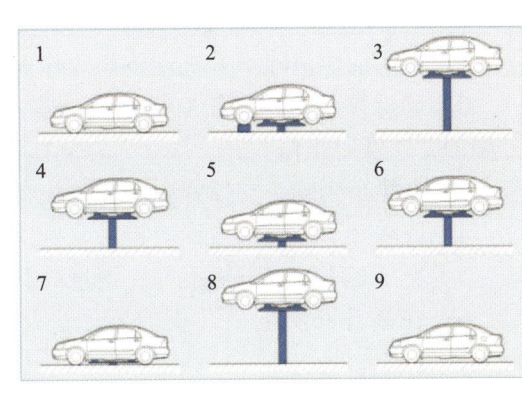

图1-3-9 举升机的顶起位置

9个顶起位置可使维护技师完成其全部操作，通过尽量减少举升操作的次数可以完成高效的检查工作。

3. 举升机操作注意事项及错误用法

（1）操作注意事项

举升机上（位于立柱或操控台）一般粘贴有厂家要求的操作注意事项（图1-3-10）。

操作前，绝对禁止人员位于车辆下方

假如车辆有掉落之虞，确保人员离开掉落范围

举升机只限于受过训练之熟练操作人员使用

当举升机下降时，车辆下方不可使用辅助支架或木棒

车辆于举升机上时，避免过度摇晃车辆

举升机升降时，手脚应避开X处或连杆刀臂

严禁车辆单边升降

绝对禁止改造举升机之安全机构

举升机下降时，注意足部安全

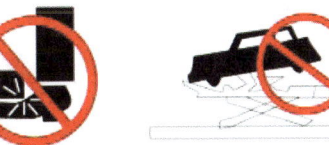
车辆顶高时，严禁极端偏荷重，会造成车辆倾斜滑落

1. 如果忽略这些事项不只举升机容易出现故障、使用人员也会有危险
2. 每日、定期检点、保养举升机，能防止意外发生

机器坑道内应保持清洁干净、避免积水、秽物堆积

使用前，请先阅读指导手册

车辆保持与举升机平台平行

控制箱内有高压电，注意电击

图1-3-10 举升机操作注意事项

举升机操作一般的注意事项如下：

1）使用前应清除举升机周围妨碍作业的物品及杂物，并检查操作手柄是否正常。

2）确保操作机构灵敏有效，发现操作机构不灵，电动机不同步，托架不平或液压部分漏油，应及时报修。

3）支撑车辆时，支撑臂4个支撑托盘应在同一平面上。

4）待举升车辆驶入后，应将举升机支撑托盘调整移动到对正该车型规定的支撑点。

5）支撑车辆时，车辆不可支得过高，支起后4个支撑托盘要锁紧。

6）在举升和降下举升机前要先进行安全检查，并向其他人发出举升机即将起动的信号。

7）切勿将车门打开举升车辆。

8）一旦车辆轮胎稍离地，要立即检查车辆支撑位置是否合适。

9）有人作业时严禁升降举升机，举升时人员应离开车辆，举升到需要高度时，必须插入保险锁销，并确保安全可靠才可开始到车底作业。

10）除底盘维护及小修项目外，其他繁琐笨重作业，不得在举升机上操作。在拆除和更换大部件时要小心，因为车辆的重心可能改变而失去平衡。

11）举升机不得频繁进行起降，举升要平稳，降落要慢。

12）切勿举升超过举升机举升重量极限的车辆。

13）带有自动悬架的车辆因其结构关系需要特别处理，例如关闭悬架升降功能开关，请参考维修手册说明。

14）作业完毕应清除杂物，打扫举升机周围以保持场地整洁。

15）如果在一段时间内未完成作业，应将车辆放至轮胎接触地面，无轮胎需用支撑凳。

16）定期（半年）排除举升机液压油缸积水，并检查油量，油量不足应及时加注相同牌号的压力油。同时应检查举升机润滑油、传动齿轮及链条。

（2）举升机错误用法

图1-3-11是几种错误的举升机使用及事故情景。

图1-3-11　错误的举升机使用及事故情景

二 基本技能

1. 举升机操作注意事项认知

根据"基本知识"学习的内容,进行汽车维修企业(门店)车间现场参观,认识各种类型的举升机,阅读举升机上的"操作注意事项"或"操作说明书",讨论举升机安全操作的重要性。

2. 举升机举升车辆的规范操作

(1)将车辆停放在举升机位

要求如图 1-3-12 所示。

1)车辆位于举升机的正常举升位置,中心轴线应和举升机对称面在同一平面内。
2)被举升的车辆不允许偏向任一侧或一端。

> ▶ 警告
> 1)移动车辆时要注意检查车辆周围有无障碍物。
> 2)必须由具有驾驶证并有车间内驾驶经验的人员移动车辆。

(2)放置车轮挡块

要求如图 1-3-13 所示。

图 1-3-12 车辆停放要求　　图 1-3-13 放置车轮挡块

1)车轮挡块可放置在任意车轮的前后。
2)车轮挡块要与轮胎外边沿平齐。
3)车轮挡块斜面与轮胎紧密接触。
4)车轮挡块放置要正,不能歪斜。

(3)安装车内防护三件套

要求如图 1-3-14 所示。

1)打开车门,注意不要让车门撞击到举升机立柱。
2)依次安装地板垫、转向盘套和座椅套。

(4)拉紧驻车制动器

要求如图 1-3-15 所示。

1)驻车制动器行程正常值为 6~9 格。

2)拉紧驻车制动器。

图1-3-14 安装车内防护三件套

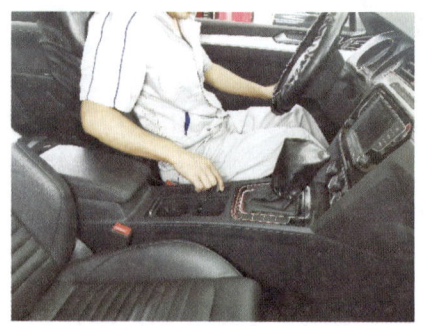
图1-3-15 拉紧驻车制动器

（5）取出大件行李物品

要求如图1-3-16所示。

1)拉起行李舱解锁开关，打开行李舱。

2)将行李舱中大件行李物品取出，妥善放置，并关闭行李舱门。

➤ **警告** 一定要拿出行李舱内的大件行李物品，确保举升安全。

（6）安装举升机支撑垫块

要求如图1-3-17所示。

图1-3-16 取出大件行李物品

图1-3-17 安装举升机支撑垫块

1)每侧两个支撑垫块，支撑垫块位置应对准车辆被支撑部位。

2)可根据实际情况将支撑垫块横置或纵置于举升机平台上。

3)确保油液管路、护板等零部件不被挤压。

（7）发出举升机准备举升的信号

要求如图1-3-18所示。

技师甲站在举升机操作台前，先确认车辆前部和左侧无障碍物，面向技师乙大声喊出"请注意，举升机准备上升"。

➤ **警告** 在听到回应之前不得举升车辆，防止发生危险。

（8）发出举升机可以举升信号

要求如图1-3-19所示。

1)技师乙用眼睛环顾车辆周围，仔细检查、确认没有影响举升安全的物体或人。

2）目视举升者（技师甲）大声喊出"车辆周围无障碍物，可以举升"。

图 1-3-18　发出准备举升信号　　　　图 1-3-19　发出可以举升信号

（9）操作举升机，垫块即将接触支撑位置

要求如图 1-3-20 所示。

1）确认已经将举升机的电路、气路开关闭合。

2）按住控制台上的上升按钮，将举升机上升至支撑垫块即将接触支撑位置后，松开上升按钮。

3）仔细确认支撑垫块是否对准车辆被支撑部位。

4）支撑垫块不允许歪斜，如果位置不正确或歪斜要重新调整。

▶ **警告**　支撑垫块位置不正确会存在安全隐患。

（10）举升车辆至车轮刚离开地面 10cm

要求如图 1-3-21 所示。

1）重复举升步骤（7）和（8），正确回应后举升车辆。

2）使车轮刚离开地面 10cm 松开上升按钮。

▶ **警告**　未检查情况下车轮离开地面过高会有安全隐患。

图 1-3-20　举升到即将接触支撑位置　　　图 1-3-21　举升到车轮离地 10cm 位置

（11）检查车辆支撑牢靠情况

要求如图 1-3-22 所示。

甲乙技师分别在前后保险杠或翼子板处采用下压方式检查车辆支撑是否牢靠。

▶ **警告**

1）不允许按压机舱盖等易变形处。

2）按压时力量要适中。

（12）取出车轮挡块

要求如图1-3-23所示。

将车轮挡块取出放在规定位置。

➤ **警告** 要及时取出车轮挡块，并放在规定位置，防止工作时发生安全隐患。

图1-3-22 检查车辆支撑牢靠情况

图1-3-23 取出车轮挡块

（13）举升车辆至工作位置

要求如图1-3-24所示。

1）重复举升步骤（7）和（8），正确回应后举升车辆。

2）正确举升车辆至合适的工作位置。

3）举升的过程中，操作人员眼睛要密切注意举升机周围和被举升车辆本身的情况，防止发生安全事故。

➤ **警告**

1）注意力集中，遇到异常情况应及时停止举升作业。

2）举升过程中，不允许在车辆周围或下部进行任何其他作业。

（14）举升机安全锁止

要求如图1-3-25所示。

1）按下举升机控制柜上的锁定按钮（剪式举升机）或设置锁止机构（双柱举升机），并确认锁止机构已经锁止可靠。

2）发出"举升机锁止安全，可以作业"的指令，然后开始相应作业项目的作业。

➤ **警告** 一定要安全锁止，经确认后才能作业。

图1-3-24 举升车辆至工作位置

图1-3-25 举升机安全锁止

（15）发出准备降下举升机信号

要求如图 1-3-26 所示。

1）技师甲站在举升机操作台前先确认车辆前部和左侧无障碍物。

2）面向技师乙大声喊出"请注意，举升机准备下降"。

▶ **警告** 在未听到回应之前不得下降，防止发生危险。

（16）发出举升机可以下降信号

要求如图 1-3-27 所示。

图 1-3-26　发出准备降下举升机信号

图 1-3-27　发出可以下降信号

1）技师乙用眼睛环顾车辆周围和下方，仔细检查，确认没有影响下降安全的物体或人。

2）目视举升者（技师甲）大声喊出"车辆周围无障碍物，可以下降"。

▶ **警告** 一定要认真检查，防止发生危险。

（17）将车辆完全降下

要求如图 1-3-28 所示。

1）先短暂按下举升机控制柜上的上升按钮，使锁止机构解锁。

2）再按住下降按钮，将车辆降到适宜的工作位置或完全降下。

3）如果作业完毕需要将车辆完全降下，一定要使举升机达到最低位置，车轮完全着地。

▶ **警告**

1）注意力集中，遇到异常情况应及时停止下降作业。

2）下降过程中，不允许在车辆周围或下部进行任何其他作业。

（18）安装车轮挡块

要求如图 1-3-29 所示。

1）车轮挡块可放置在任意车轮的前后，车轮挡块要与轮胎外边沿平齐。

2）车轮挡块斜面应与轮胎紧密接触，挡块放置要周正，不能歪斜。

▶ **警告**

1）挡块要拿稳，避免跌落砸伤脚部及地面

2）避免撞击车身、轮胎或轮毂，以免对车身或车轮造成损伤。

图 1-3-28　将车辆完全降下

图 1-3-29　安装车轮挡块

（19）移出举升机支撑臂和垫块

要求如图 1-3-30 所示。

移出支撑垫块，支撑臂放到规定位置。

（20）将大件行李物品放回行李舱

要求如图 1-3-31 所示。

1）拉起行李舱解锁开关，打开行李舱将大件行李物品妥善放置在行李舱中。

2）关闭行李舱门。

图 1-3-30　移出支撑臂

图 1-3-31　将大件行李物品放回行李舱

（21）收起车内防护三件套

要求如图 1-3-32 所示。

1）依次收起转向盘套、座椅套、地板垫。

2）将能使用的干净且完好的三件套叠放整齐，放在规定备件车中。

3）将已损坏的三件套分类丢弃到回收桶。

（22）收起车轮挡块

要求如图 1-3-33 所示。

双手分别拿起车轮挡块，放置到规定位置。

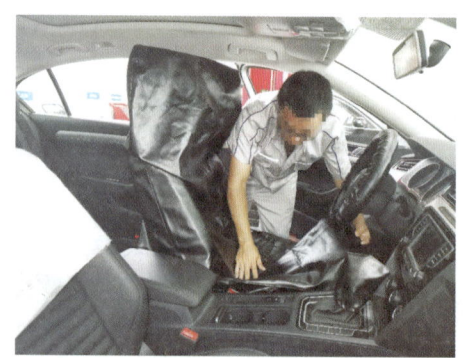
图 1-3-32　收起车内防护三件套

（23）按 5S 规范操作

要求如图 1-3-34 所示。

图 1-3-33　收起车轮挡块　　　　图 1-3-34　执行 5S 规范操作

1）关好车辆门窗并锁闭，妥善保存车辆钥匙。
2）将工具、零件按规定位置摆放整齐。
3）将工具车、零件车等按规定位置摆放。
4）清洁场地，关闭用电设备开关。

任务四　汽车基本防护和安全检查

情境导入

情境描述

当你在进行汽车保养时，由于忘记铺座椅套导致客户汽车羊毛垫脏污，客户要求赔偿，你怎么办？

情境提示

不管汽车是维修、保养还是免费检查，只要进入车间，对汽车的防护是必不可少的，这是提升客户满意度和服务品质的保证。

学习目标

知识目标

1. 能描述汽车基本防护的目的和内容。
2. 能描述汽车安全检查的目的和内容。

技能目标

1. 能规范地进行汽车的基本防护。
2. 能规范地进行汽车的安全检查。

一　基本知识

1. 汽车基本防护的目的和内容

（1）汽车基本防护的目的

汽车基本防护的目的是防止维修或保养过程中脏污汽车，防止划伤或腐蚀车身涂层，以及防止在技师操作中汽车移动。

(2)汽车基本防护的内容

汽车基本防护包括车内防护和车外防护（图1-4-1）。

1）车内防护：铺设三件套（座椅套、地板垫、转向盘套）或五件套（增加变速杆套和驻车制动手柄套）。

2）车外防护：铺设两侧的翼子板垫布、前格栅垫布，用车轮挡块挡住车轮。

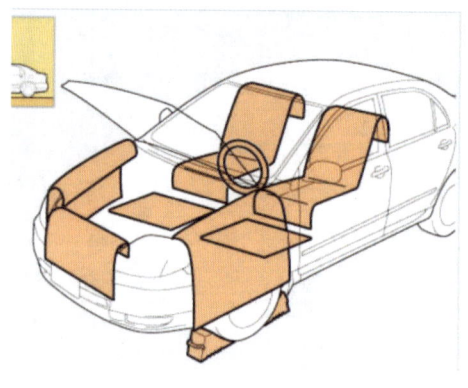

图1-4-1 汽车基本防护示意图

2. 汽车安全检查的目的和内容

(1)汽车安全检查的目的

汽车维修企业（服务门店）推行全车安全检查（通常是免费的）的目的有两个方面：

1）对客户：保障汽车的性能，及时发现并排除故障，避免汽车抛锚及发生安全事故；通过检查结论（检查单）及维护技师的讲解，客户也能获取一定的汽车使用和维护知识。

2）对企业：免费的增值服务，提升客户满意度；维修保养项目确定前发现未报修的项目，减少不必要的纠纷；客户同意维修后可增加维修项目，提升企业效益。

(2)汽车安全检查的内容

汽车安全检查主要是检查全车油液的液位和品质，以及涉及行车安全的项目，同时检测蓄电池的剩余使用寿命及其他性能，确保汽车不会因蓄电池亏电而不能起动。

如果时间充裕和客户允许，通常要根据举升机位置，详细检查汽车不同部位与行车安全相关的项目：

1）举升机低位（不举升）：检查车身外观、外部灯光、车内、发动机舱等。

2）举升机中位（举升一半）：检查车轮、轮胎及制动系统（制动盘/蹄片/轮缸）等。

3）举升机高位（举升到顶）：检查底盘油路、转向、悬架、驱动轴、排气管道等。

4）根据检查结果及客户对汽车的故障描述确定是否进行路试。

5）如果时间紧迫，可以只检查以下重点项目（图1-4-2）。

①冷却液：确认散热器储液罐内有符合标准的冷却液。

②发动机机油：检查发动机机油液位是否正常。

③制动液：检查制动主缸储液罐内的制动液，含水率应符合标准。

④洗涤液：检查风窗玻璃洗涤液的液位，确保洗涤液足够。

⑤变速器油：检查变速器油液位，确保正常液位。

⑥蓄电池：使用蓄电池测试仪检查蓄电池是否正常。

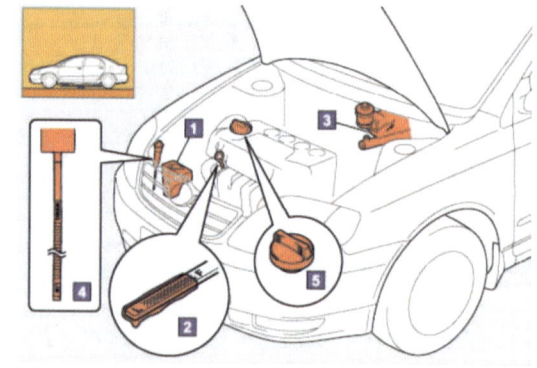

图1-4-2 重点检查项目

1—散热器储液罐 2—机油油尺 3—制动主缸储液罐
4—洗涤器液位尺 5—机油加注口盖

（3）汽车安全检查结果的处理

检查完成后，维护技师务必将检查结果记录到检查单（图1-4-3是检查单的样例）。注意事项如下：

车辆安全检查单（样例）

用户姓名：	单位名称：	车牌号码：	联系电话：
品牌/车型：	出厂年份：	行驶里程：	保养日期：

■已检测无需关注　■需要关注　■需要立即保养

	检测项目		检测标准	实际测量值	○	△	×	使用工具
每5000~7500km或者每半年定期保养	电脑检测	查询故障存储器	偶发故障、问题故障					诊断电脑
		保养周期指示器	复位					诊断电脑或手动复位
	发动机舱内	蓄电池	支架紧固状态，电眼颜色，电压检测（静态检测不低于12.8V，观察孔为黑色必须更换，黄色进行充电）					万用表、蓄电池检测仪
		制动液	检查液位，必要时添加（非营运车辆每2年必须更换）					制动液检测仪
		冷却液	检查液面高度及浓度（冰点：北方地区不低于-40℃，南方地区不低于-30℃。沸点：最低≥106℃，每2年必须更换）					冰点测试仪
		风窗清洗液	检查液面高度，必要时添加（北方地区夏季0℃，冬季-40~-35℃；南方地区夏季0℃，冬季-20~-10℃）					冰点测试仪
		多楔带	检查状态，必要时更换（建议30000km或2年更换）					目测
		正时带及正时张紧轮	每60000~120000km或2~5年更换					目测
		目测发动机舱内是否存在泄漏点或损坏	漏油或异响					目测
		火花塞检查	20000~30000km更换					火花塞套筒扳手
		粉尘及花粉过滤器	每15000km或1年					目测或按照标准值
		空气滤清器	每15000km或1年					目测或按照标准值
	电气设备	车内所有开关、车内照明、用电器、显示器和仪表各警报指示灯	检查功能是否正常					按照标准进行检测
		车外部刮水器、清洗喷嘴、大灯清洗	检查功能，必要时调整或更换					
		电动天窗	检查功能，清洁导轨并用润滑脂润滑，清洁排水槽及排水管					
		电动门窗检查功能	检查功能，升降车窗是否犯卡及升降困难，必要时更换					
		车外部所有照明灯、警告灯	检查灯光是否点亮					
	轮胎	备胎气压检测	220~250kPa					气压表
		轮胎螺栓力矩检车	120~140N·m					力矩扳手
		消除轮胎异物	清除轮胎表面的大颗粒					螺丝刀
		轮胎花纹深度　■6/32以上　■4/32至5/32　■3/32以下	>1.6mm或不得超过5年或5万km	右前轮胎（　）mm　左前轮胎（　）mm　右后轮胎（　）mm　左后轮胎（　）mm				按照车辆要求标准
		轮胎检测记录	左前轮胎：调整前（　）×10⁵Pa　调整后（　）×10⁵Pa　右前轮胎：调整前（　）×10⁵Pa　调整后（　）×10⁵Pa　左后轮胎：调整前（　）×10⁵Pa　调整后（　）×10⁵Pa　右后轮胎：调整前（　）×10⁵Pa　调整后（　）×10⁵Pa	备胎检测记录	调整前（　）×10⁵Pa		调整后（　）×10⁵Pa	轮胎卡尺
	制动状况	左前轮制动片	>2mm（不计背板）否则更换	剩余情况（　）mm				卡尺、电子卡尺
		左后轮制动片		剩余情况（　）mm				
		右前轮制动片		剩余情况（　）mm				
		右后轮制动片		剩余情况（　）mm				
		驻车制动功能检测	非电子驻车制动行程在2~3个齿					用手实际操作
	汽车外部	车门止动器润滑	润滑					用清洗剂清理灰尘及油泥之后润滑
		车门锁块功能检查						
		前后机舱盖锁功能检查						
	汽车下方	制动系统	检查是否漏油和损坏					目测
		下方悬架部件	检查间隙、紧固程度及有无漏油现象					目测和用扳手紧固
		发动机及变速器	检查是否漏油					目测
		车身底部防护板	检查是否损坏					目测

⚠ 注意：
1. 所有保养项目，请维修工根据车辆行驶里程/时间进行选择（以先达到者为准）。
2. 本项目单的保养内容是根据正常行驶情况下制定的，对于经常在恶劣环境下行驶的车辆，建议在保养周期提前进行保养。
3. 每次保养建议加注燃油添加剂，并需向客户购买。
4. 由于特约维修服务中心车型复杂，以上数据仅供参考，实际按照车辆维修手册进行保养和更换。

维修技师签字：　　　　　　质量检查员签字：　　　　　　用户签字：

服务顾问签字：

建议下次保养里程：_____km　_____年_____月

图1-4-3　检查单的样例

1）对于检查中发现脏污、油液不足等，视情况为客户免费处理，并在检查单中注明。
2）由服务顾问告知客户结果（技术性强时维护技师配合解释）。
3）只推荐与安全相关及表面可见的维修项目。切勿推荐太多的维修项目，特别是新客户，否则会造成客户的误解甚至反感。

二 基本技能

1. 汽车的基本防护

（1）汽车准备

1）将汽车停放在举升机位。
2）放置车轮挡块。
3）打开驾驶员侧车门。
4）转向盘解锁。
5）降下车窗玻璃。

车身防护

（2）将三件套放在驾驶员座椅上

要求如图 1-4-4 所示。
1）将干净三件套放在座椅上。
2）座椅套在最下，转向盘套在中间，地板垫在最上面。

（3）铺设地板垫

要求如图 1-4-5 所示。
1）地板垫铺设端正，保持平整。
2）如果地板垫上印制有文字或脚印图案等标志，应正面放置。

图 1-4-4 将三件套放在驾驶员座椅上

图 1-4-5 铺设地板垫

（4）安装转向盘套

要求如图 1-4-6 所示。
1）站在车下安装，双手操作安装转向盘套。
2）转向盘套应完全罩住转向盘。

（5）安装座椅套

要求如图 1-4-7 所示。

1）将座椅套展开，分清上下端，抖动座椅套，使薄膜分离。
2）自上而下将座椅套套在座椅靠背上，将另一端套到座椅的前部。
3）用手将座椅套从前向后展平。

 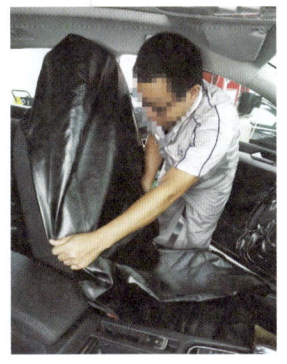

图 1-4-6　安装转向盘套　　　　　图 1-4-7　安装座椅套

（6）打开发动机机舱盖

要求如图 1-4-8、图 1-4-9 所示。

1）拉起机舱盖释放杆。

2）左手从机舱盖中间偏左侧伸入，略向上抬起，右手从机舱盖缝隙中间处伸入，如果缝隙过小，可从前照灯处入手，将机舱盖适当抬起，出现较大缝隙后再从中间开始，用右手向上拨动锁扣拨片，使挂钩充分脱离。

3）两手同时向上掀起机舱盖。

> **警告**

1）不要用力过猛，造成拉手损坏或拉索拉断。
2）用力不要过大，防止损坏锁扣机构。
3）禁止锁扣未拨开直接掀起机舱盖。

图 1-4-8　拉起机舱盖释放杆　　　　图 1-4-9　打开发动机机舱盖

（7）支撑发动机机舱盖

要求如图 1-4-10 所示。

1）双手向上将机舱盖掀到较高位置，一只手支撑住机舱盖，另一只手拉起机舱盖的支撑杆。

2）将机舱盖的支撑杆可靠放入机舱盖上的支撑孔位。

▶ **警告** 支撑杆支撑到规定的支撑孔中，确保支撑稳固。

（8）铺设翼子板布和前格栅布

要求如图 1-4-11 所示。

1）翼子板布和前格栅布要有效遮挡车身部位上边缘，与翼子板和前格栅上部边缘平齐。

2）用内部的磁铁牢牢吸住金属部分。

3）放置时禁止在车身上面滑动，以防擦伤涂层。

4）有标记或文字的一面朝外且朝上。

图 1-4-10 支撑发动机机舱盖

图 1-4-11 铺设翼子板布和前格栅布

（9）安装汽车尾气抽气管

▶ **提示** 如需起动汽车，执行本步骤！

要求如图 1-4-12 所示。

1）双手操作插入汽车尾气抽气管，避免扭曲尾气抽气管。

2）尾气抽排装置风机开动。

▶ **警告**

1）安装时谨防尾气抽气管头部卡箍划伤手指。

2）安装时谨防尾气抽气管头部撞击车身。

（10）执行其他工作项目操作

汽车基本防护完成后，即可执行其他工作项目。

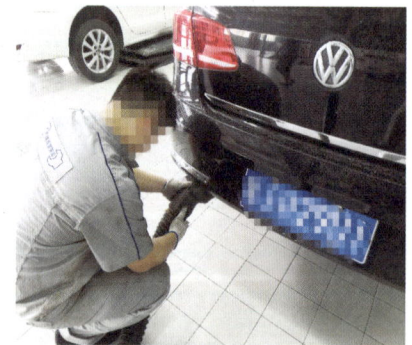
图 1-4-12 安装汽车尾气抽气管

2. 汽车的安全检查

▶ **提示** 以下只体现汽车安全检查步骤，具体检查内容及检查结果参照其他章节或维修手册执行。

（1）发动机机油液位检查

▶ **提示** 以下步骤以装备发动机机油尺为例，如果车型没装备，参照维修手册步骤执行。

1）拔出油尺：要求如图 1-4-13 所示。
①准备好干净抹布将油尺拔出，用抹布擦净油尺上机油。
②应及时擦净，避免机油滴落到发动机上。
2）检查液位标记：要求如图 1-4-14 所示。
①将油尺放在干净的抹布上，确认最低和最高液位标记。
②液位应处于最低位和最高位之间，新加的机油液位应处于中间偏上位置。

图 1-4-13　拔出油尺

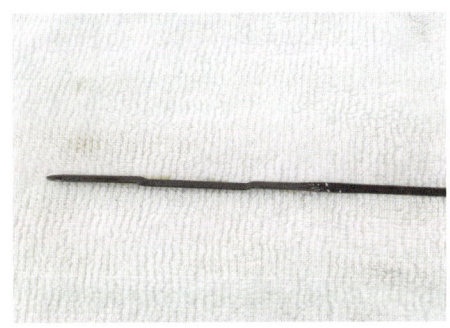
图 1-4-14　检查液位标记

3）将油尺复位：要求如图 1-4-15 所示。用手握住油尺中下部导向，将油尺插入油尺管道中，使油尺完全插到位，停留 2~3s。
4）拔出油尺观察油位：要求如图 1-4-16 所示。

图 1-4-15　将油尺复位

图 1-4-16　拔出油尺观察油位

①左手拿干净的抹布置于低位，做好接油尺准备，右手将油尺抽出，以 45°放在干净的抹布上，身体略向前倾，观察机油尺两侧的机油痕迹。
②以较低一侧确定油位是否正常。
5）将油尺复位：要求如图 1-4-17 所示。用手握住油尺中下部导向，将油尺插入油尺管道中，油尺应完全插到位。
6）检查结果处理：记录检查结果，并向服务顾问或客户反馈。
①如果机油液面不足，应建议客户进行补充。
②如果机油脏污变质，应建议客户更换。

（2）其他油液位置检查

> 提示　其他油液检查方法参照发动机机油液位检查步骤。

1）自动变速器液位检查：要求如图 1-4-18 所示。

图 1-4-17　将油尺复位

▶ **提示** 以下步骤以装备变速器油尺为例,如果车型没装备,参照维修手册步骤执行。

①确认热态和冷态的最低、最高液位标记。

②冷态检查时液位应处于最低位和最高位之间。

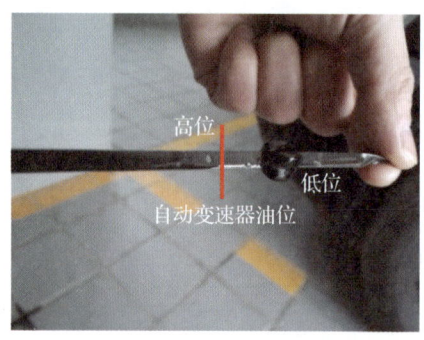 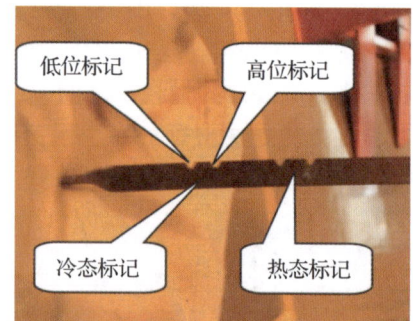

图 1-4-18 自动变速器液位检查

2)冷却液液位检查:要求如图 1-4-19 所示。

①液位高度范围应在储液罐标记位置之间。

②如果冷却液液位低于最低(MIN 或 LOW)标记,应补加冷却液。

▶ **警告**

1)禁止用手摇晃储液罐的方式检查,谨防损坏储液罐。

2)添加冷却液时,根据维修手册步骤进行操作,以防烫伤。

 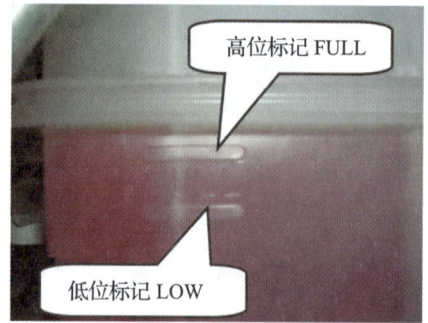

图 1-4-19 冷却液液位检查

3)制动液液位检查:要求如图 1-4-20 所示。

①液位高度范围应在 MAX 与 MIN 之间。

②如果液位低于 MIN 标记,应补加制动液。

图 1-4-20 制动液液位检查

4）风窗玻璃清洗液液位检查：要求如图1-4-21所示。
①打开储液罐盖子，拔出液位标尺到露出液位标记的位置。
②观察标尺，应处于正常位置（标尺能检测到的位置），液位过低要及时补充。
③液位标尺归位，盖好盖子。

（3）蓄电池检查
1）检查蓄电池的外观和接线柱，应没有腐蚀、松动等其他损坏。
2）蓄电池端电压、使用寿命检查：要求如图1-4-22所示。
①充足电的端电压应为12.45V，最低12V。
②蓄电池使用寿命应保持"良好"。

 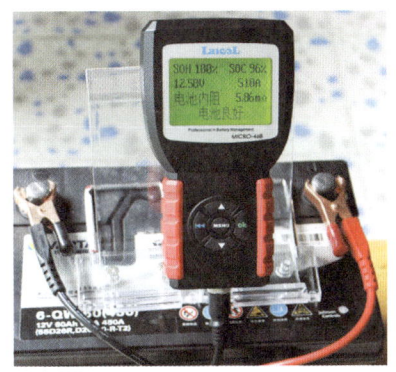

图1-4-21　风窗玻璃清洗液液位检查　　　　图1-4-22　蓄电池检查

（4）检查结果处理
要求如图1-4-23、图1-4-24所示。
1）根据施工单要求，完成所有的检查项目。
2）填写工作单（全车检查单），根据服务流程反馈检查结果。
3）根据5S管理要求，做好车间5S工作。

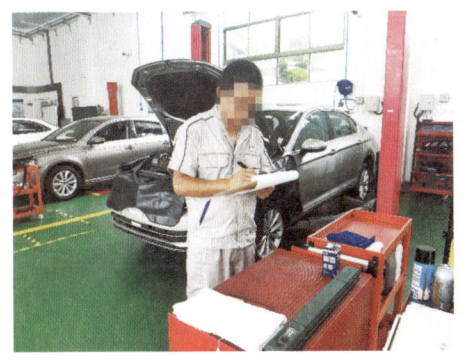 

图1-4-23　填写检查单　　　　图1-4-24　做好5S工作

项目二
汽车油液与滤清器检查及更换

本项目主要学习汽车油液与滤清器检查及更换的知识和技能，有3个工作任务：任务一 发动机油液与滤清器检查及更换；任务二 底盘油液检查及更换；任务三 空调滤清器与制冷剂检查及更换。通过对3个工作任务的学习，你能掌握汽车发动机、底盘、车身电气系统相关油液与滤清器检查及更换的知识和技能。

任务一　发动机油液与滤清器检查及更换

▶ 情境导入

情境描述

你的主管安排你负责一辆大众迈腾B8发动机的维护，施工单注明需要检查空气滤清器、机油与机油滤清器、燃油滤清器、冷却液，必要时进行更换。你能完成吗？

情境提示

发动机油液与滤清器的检查及更换是维护技师的基本技能，必须根据车辆保养手册的技术要求进行规范操作。

▶ 学习目标

知识目标

1. 能描述空气滤清器的安装位置、作用和更换周期。
2. 能描述机油、机油滤清器的作用、更换周期和机油的分级、分类、选择。
3. 能描述燃油滤清器的作用、结构和更换周期。
4. 能描述发动机冷却液的作用和使用注意事项。

技能目标

1. 能进行空气滤清器检查及更换。
2. 能进行发动机机油、机油滤清器检查及更换。
3. 能进行燃油滤清器检查及更换。
4. 能进行冷却系统检查及冷却液更换。

一 基本知识

1. 空气滤清器的安装位置、作用和更换周期

（1）空气滤清器的安装位置和作用

发动机在工作过程中要吸进大量的空气，如果空气不经过过滤，空气中悬浮的尘埃被吸入气缸中，就会加速活塞及气缸的磨损。较大的颗粒进入活塞与气缸壁之间，会造成严重的"拉缸"现象，这在干燥多沙的工作环境中尤为严重。

空气滤清器简称"空滤"，安装在节气门前方（图 2-1-1），在空气进入气缸前形成一个过滤屏障，将那些悬浮颗粒物彻底阻挡在气缸之外，保证气缸中进入足量清洁的空气。

此外空气滤清器也能降低发动机运转时的噪声。

（2）空气滤清器更换周期

在一般道路情况下，汽车行驶一定的里程后，必须对空气滤清器进行检查、清洁或更换。

汽车生产厂家对空气滤清器的维护周期有明确的规定，一般情况下 1.5 万 ~2.0 万 km/12 个月进行更换，每次维护时（如一汽大众迈腾每间隔 7500km/6 个月）都应检查和清洁空气滤清器，如损坏和严重脏污必须更换。在沙尘程度较大的地区（如沙漠、建筑工地等），维护的间隔则应相应缩短。

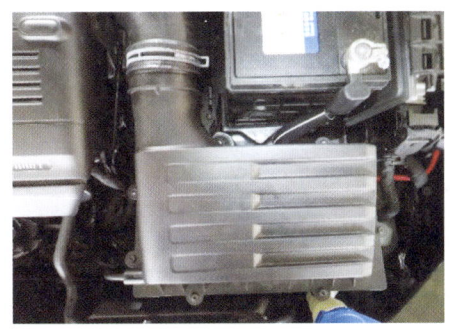
a) 空气滤清器总成

b) 各种类型的空气滤清器滤芯

图 2-1-1 空气滤清器

2. 机油、机油滤清器的作用、更换周期和机油的分级、分类、选择

（1）机油的作用

发动机润滑油（机油）由石油提炼的基础油和添加剂组成（图 2-1-2），是保证发动机正常运转必需的润滑剂，其具体作用是润滑金属机件，减少机件间的摩擦，将发动机在做功时产生的巨大热量带走，清洗经磨损后产生的细微金属碎屑，还有密封、减振、防锈、防蚀等作用，所以为车辆选合适的机油会直接影响到整车的使用寿命。

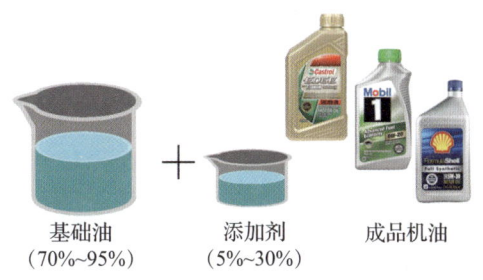

图 2-1-2 发动机机油的组成

机油使用一定时间或里程后，如果不更换可能导致以下后果：

1）发动机性能降低，变得难以起动或工作不良。

2）如果长期没有更换机油会导致机油品质下降，失去保护发动机的作用，造成发动机机械损坏。

（2）机油滤清器的作用

机油滤清器（图 2-1-3）的工作过程如图 2-1-4 所示。

图 2-1-3　各种类型的机油滤清器

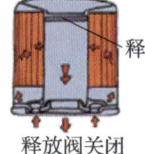 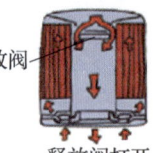

图 2-1-4　机油滤清器的工作过程

（3）机油和机油滤清器的更换周期

在车辆使用过程中，必须根据行驶里程或时间更换机油和机油滤清器。机油更换间隔周期随机油的类型、车型及车辆使用状况而不同，所以应参照相关车型的维修手册。例如，一汽大众迈腾汽车厂家规定 15000km 或 1 年（先到为准）更换机油和机油滤清器，但燃油品质不良（含硫量高）的地区，建议 7500km 或 6 个月更换。

（4）发动机机油分级

1）机油的黏度等级。机油的黏稠度通常使用 SAE（美国汽车工程师协会）等级标识。例如，SAE15W-40、SAE5W-40，W 表示 winter(冬季)，其前面的数字越小，说明机油的低温流动性越好，代表可供使用的环境温度越低，在冷起动时对发动机的保护能力越好；W 后面的数字则是机油耐高温性的指标，数值越大说明机油在高温下的保护性能越好。图 2-1-5 所示是机油的黏度等级与使用环境温度对照。

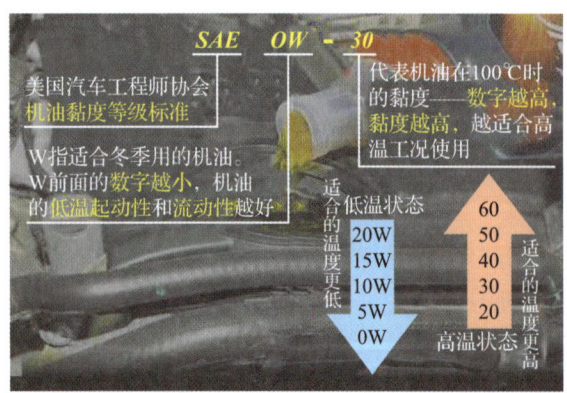 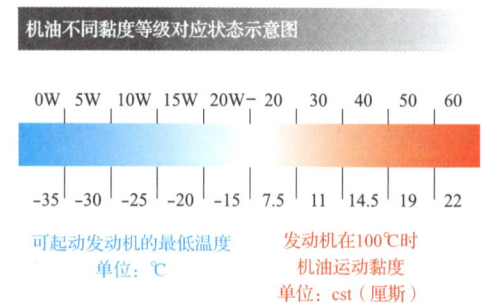

图 2-1-5　机油 SAE 黏度等级与使用环境温度对照

2）机油的质量等级。机油的品质（质量）通常使用 API（美国石油协会）等级别分类标识，用于评价机油的抗磨性、清净分散性和抗氧化腐蚀性等与质量相关的性能（图 2-1-6）。

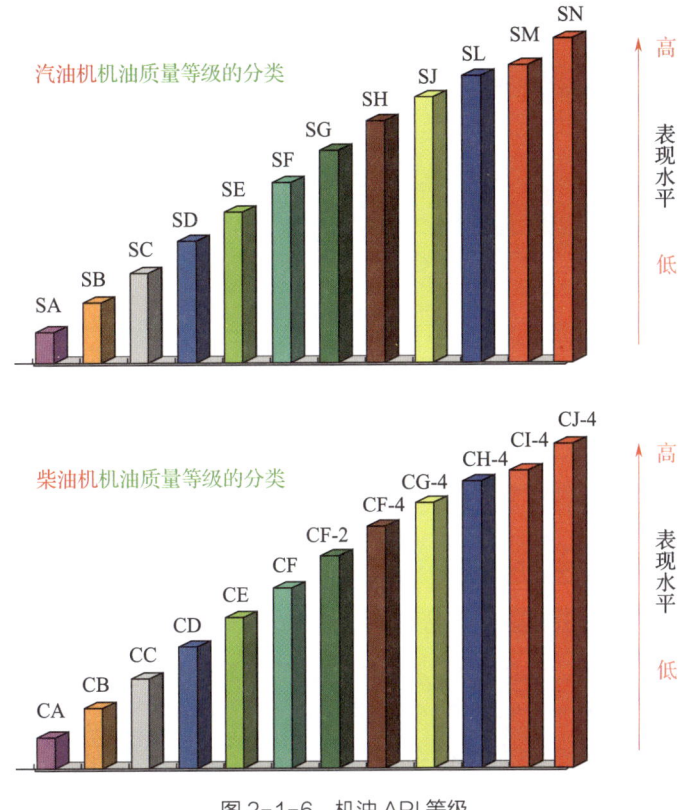

图 2-1-6　机油 API 等级

S 开头系列代表汽油发动机用油，包括：
SA、SB、SC、SD、SE、SF、SG、SH、SJ、SL、SM、SN。
C 开头系列代表柴油发动机用油，包括：
CA、CB、CC、CD、CE、CF、CF-2、CF-4、CG-4、CH-4、CI-4、CJ-4。
当 S 和 C 两个字母同时存在，则表示此机油为汽/柴通用型。
从 SA 一直到 SN，每递增一个字母，机油的性能都会优于前一种。机油中会有更多用来保护发动机的添加剂。字母越靠后，质量等级越高。目前市场最常用的是 SL、SM、SN 等级的。
机油品质除了 API 这样的权威机构认证，很多汽车制造厂家，如德国奔驰、美国通用公司也有自己的认证标准。

（5）机油分类

目前市场上的机油因其基础油的不同可分为矿物油及合成油两种。合成油中又分为全合成及半合成油。图 2-1-7 所示是矿物油、半合成油、全合成油区别。

矿物油的基础油，是原油提炼过程中，在分馏出有用的轻物质（汽油）之后，剩下来残留的塔底油再经提炼而成。本质上，它是运用原油中较差的成分。原油由几千种不同的混合物组成，提炼技术即使再先进，亦无法将其中不良物、杂质去除殆尽。但矿物基础油成本较低，因此应用广泛，用量很大。

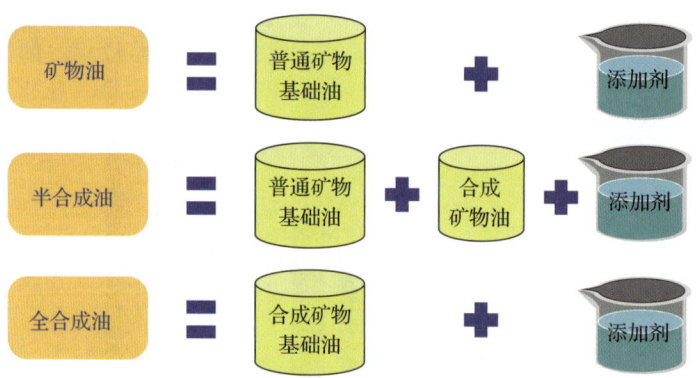

图 2-1-7　矿物油、半合成油、全合成油区别示意图

合成油的基础油,来自于原油中的瓦斯气或天然气所分散出来的乙烯、丙烯,再经聚合、催化等繁复的化学反应才能炼制成大分子组成的基础液。本质上,它使用的是原油中较好的成分,加以化学反应并通过人为的控制达到预期的分子形态,其分子排列整齐,抵抗外来影响的能力自然很强。因此,合成油是一种人工制造的机油,在制作过程中,选用了各种天然物质进行化学分解,然后又和其他各种物质进行合成,最后才生产出合成机油。

矿物油和合成油二者最大的差别在于:合成油使用的温度更广,使用期限更长;同样的油膜要求,合成油可用较低的黏度就可达成,而矿物油就需用相对于合成油较高的黏度才可达到如此要求;通过化学方法合成的基础油的热稳定性、抗氧化反应、抗黏度变化、耐低温性能等,自然要比矿物油强得多,可以保证发动机部件在更苛刻的环境下正常工作。因此,在矿物油、半合成油和全合成油中,全合成机油是最高等级的机油。

(6)机油的选择

汽车发动机按发动机的形式分为汽油发动机和柴油发动机,因此选用发动机机油时一定要先确定是选用汽油机机油还是柴油机机油,然后从质量等级和黏度等级两个方面,结合车辆的使用情况进行综合选择。

1)质量等级选择。如图 2-1-8 所示,质量等级(API)的 SN 级高于 SL 和 SM 级。如果机油的包装上标识 SL/CF,则表示该机油用作汽油机机油级别达到 SL,用作柴油机机油级别达到 CF。

图 2-1-8　机油外包装示例

2）黏度等级选择。汽油机机油和柴油机机油黏度级别选择基本相同。选择发动机机油要考虑季节的变换，油品的黏度会随温度变化而变化，冬天黏度变高，夏天黏度变低，因此在炎热的地区，尽量选择油品黏度稍高一点的机油。在寒冷的季节，可使用较稀的机油。不同黏度等级的机油有着不同的特性，其低温起动性和高温的抗磨、附着性也有着不同的表现。机油的黏度与温度呈反比的关系，当发动机冷态时，机油黏度较高，若选用的机油较稠，便会给起动机、蓄电池等增加额外的损耗；但若机油过稀，在高温工作下则难以形成足够的保护膜而引起润滑不足，导致机件加大磨损。

机油的黏度等级选择要求如下：

①使用的环境温度要求：例如，图 2-1-8 中，5W-30 黏度等级机油最低使用环境温度为 -30~30℃，5W-40 黏度等级机油最低使用环境温度为 -30~40℃。5W-30 比 5W-40 的流动性更好，更能降低油耗（燃油），使发动机更快地散热。

②发动机本身设计要求：美国和日本的汽油发动机要求使用低黏度级别的机油。例如，通用、本田、日产的车型通常要求使用 5W-30 黏度等级的机油；而欧洲的汽油发动机大多要求使用黏度等级较高的机油。例如，大众汽车通常要求使用 5W-40 或 0W-40 黏度等级的机油。

③发动机工况的要求：同样的环境温度及发动机，新车选用黏度低一点的机油，行驶 10 万 km 以上的车辆选择黏度高一点的机油。

3）车辆的使用情况选择。

①根据使用地区。根据车辆所在的地区正确地选用机油十分重要，特别是在寒冷的北方，冬季的低温会使机油的黏度变高，这也是有时早晨发动机刚起动时抖动厉害（油泵难以正常泵油）的主要原因。

②根据车辆的使用年限和档次。全合成油比一般的矿物油具有更高的黏度指数，同样的油膜指标，合成油可用较低的黏度就可达到，而矿物油就需用相对于全合成油较高的黏度才能达到。而且全合成油随温度转变产生的黏度变化很小，因此在高温及严寒情况下，更能维持适当的黏度，给发动机提供适当的保护。在相同的工作环境里，全合成油的使用期限也比矿物油长很多。但是全合成油不一定能用在所有车型上，全合成油在高温的工作环境下渗透性极佳，所以老旧车型和低档车型不宜使用，老旧车型的缸体由于磨损较大（而低档车型则是制造过程中缸体间隙本身就比较大），所以用全合成油有可能会造成渗漏，从而发生烧机油、积炭过多等现象。

③根据路况。车辆行驶路况对机油的选择影响不大，但路况在很大程度上会影响到机油的寿命，路况较差的地区，应缩短机油的换油周期。

④根据发动机特殊要求。由于采用了电子控制燃油喷射（EFI）、三元催化转换器（TWC）、废气再循环（EGR）、曲轴箱强制通风（PCV）和涡轮增压、中冷、可变气门（VVT）等技术，发动机的工况更加严苛，选用高质量级别的机油可以延长发动机寿命，降低燃油消耗，减少磨损，延长换油周期，节省机油，节约维修费用及提高效率。高级别的机油可以替代低级别的机油，而低级别的机油不能用于高级的发动机。

⑤根据机油品牌。现市面上机油品种很多，两种不同品牌的机油最好不要混合使用，因不同品牌的油品采用的添加剂可能不同，混用可能会造成油品变质。实际选择机油时，应参考车辆用户手册及机油品牌的说明，了解所适用的机油。

4）机油使用的误区。车辆实际使用中，用户或维护技师可能对机油的使用存在以下的误区：

误区 1：机油变黑了就该更换了。

这种理解并不全面。对于没有加清净分散剂的机油来说，颜色变黑的确是油品已严重变质的表现。但目前汽车使用的机油都加有清净分解剂，这种清净剂将粘附在活塞上的胶膜和黑色积炭洗涤下来，并分散在机油中，减少发动机高温沉淀物的生成，故机油使用一段时间后颜色容易变黑，但这时的油品并未完全变质。

误区 2：机油能多加就多加。

机油液位应该控制在机油尺的上、下刻度线之间。因为机油过多就会从气缸与活塞的间隙中窜入燃烧室燃烧形成积炭。这些积炭会提高发动机压缩比，增加产生爆燃的倾向；积炭在气缸内呈红热状态还容易引起早燃，如落入气缸会加剧气缸和活塞的磨损，还会加速污染机油。其次，机油过多增加了曲轴连杆的搅拌阻力，使燃油消耗增大。

误区 3：机油经常补充就不用换。

经常检查机油是正确的，但是如果只补充而不更换只能弥补机油数量上的不足，无法完全补偿机油性能的损失。机油在使用过程中，由于污染、氧化等原因质量会逐渐下降，同时还会有一些消耗，使数量减少。因此根据车辆技术状况定期更换机油是非常必要的。

误区 4：以是否引起亮红灯作为评价机油质量的标准。

机油黏度越高，产生压力越大，机油压力只是反映机油黏度高低，与质量无关。

误区 5：更换机油的时候，可以只换机油不换机油滤清器。

机油不但具有润滑功能，还能带走发动机内部的杂质，这些杂质都是被机油滤清器所过滤掉的，如果换了机油而不换机油滤清器，杂质就无法彻底清除，因此换机油必须换机油滤清器。

3. 燃油滤清器的作用、结构和更换周期

（1）燃油滤清器作用

燃油滤清器（简称汽滤）的作用是把含在燃油中的氧化铁、粉尘等固体杂物除去，防止燃油系统堵塞（特别是喷油器），减少机械磨损，确保发动机稳定运行，提高可靠性。

电控燃油喷射系统的汽车需要清洁的燃油，因为哪怕是极微小的杂质也会磨损系统中的精密零部件。燃油滤清器过滤燃油中的杂质，避免杂质进入喷油器。燃油滤清器是组成电喷系统的重要零部件，只有原厂配套或超出配套品质的燃油滤清器才能提供燃油喷射系统要求的清洁燃油，从而使发动机性能达到最优化，同时也给发动机提供了最佳保护。

如果燃油滤清器太脏或堵塞，车辆故障表现为：提速较慢，发动机抖动甚至熄火；起动困难，有时候要起动多次才能起动车辆。

（2）燃油滤清器的结构和更换周期

燃油滤清器串联安装在燃油管路上（外置式，图 2-1-9），或与位于燃油箱内的燃油泵安装在一起（内置式，图 2-1-10）。

燃油滤清器的滤芯多采用滤纸，也有使用尼龙布、高分子材料的燃油滤清器。不同类型燃油滤清器的内部结构如图 2-1-11 所示。

燃油滤清器应定期更换，不同类型的滤清器更换周期也不同。外置式燃油滤清器更换

周期一般为10000km，内置式燃油滤清器一般更换周期为30000~40000km，更换周期与燃油品质有关，具体更换周期可参照汽车厂家的保养手册。

图2-1-9 外置式燃油滤清器

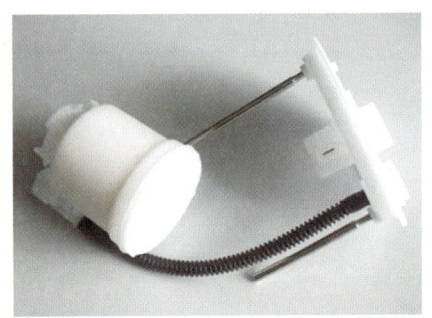

图2-1-10 内置式燃油滤清器

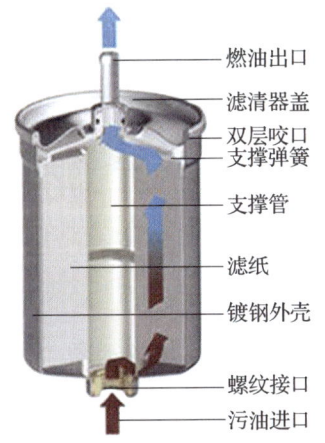

图2-1-11 燃油滤清器内部结构

4. 发动机冷却液的作用和使用注意事项

（1）冷却液的作用

在可燃混合气的燃烧过程中，发动机气缸内的气体温度可达到1700~2500℃。为保证汽车发动机正常工作，必须对在高温条件下工作的零件进行冷却。汽车发动机都采用强制的水（冷却液）循环冷却系统。

冷却液是发动机冷却系统中带走高温零件热量的一种工作介质，全称是防冻冷却液，俗称防冻液，由水、防冻剂、添加剂三部分组成。冷却液是在软化水中按比例添加防冻剂，配以适量的金属缓蚀剂、阻垢剂等添加剂进行科学调和，达到冬季防冻、夏季防沸且能防腐蚀、防水垢等作用。按防冻剂成分不同，冷却液可分为酒精型、甘油型、乙二醇型等类型冷却液。目前，市场上所出售的冷却液几乎都是乙二醇型冷却液，其他类型已经淘汰或只在局部地区使用。

乙二醇型冷却液用乙二醇作为防冻剂，并添加少量抗泡沫、防腐蚀等综合添加剂配制而成。由于乙二醇易溶于水，可以任意配成各种冰点的冷却液，这种类型的冷却液具有沸点高、泡沫倾向低、黏温性能好、防腐和防垢等特点，是一种较为理想的冷却液。

图2-1-12是冷却液，图2-1-13是存储发动机冷却液的膨胀水箱。

 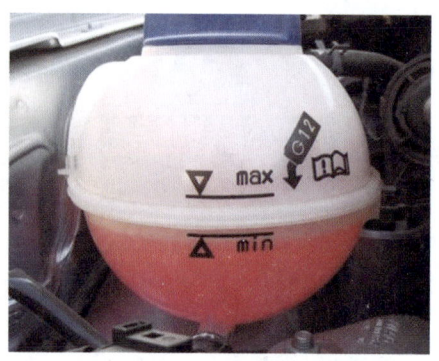

图 2-1-12　冷却液　　　　图 2-1-13　冷却液的膨胀水箱

冷却液的主要作用是防冻、防沸、防腐、防垢等。

1）防冻。用乙二醇配制的冷却液最低可在 –70℃环境下使用。市场上销售的冷却液，乙二醇体积分数一般保持在 33%～50%，也就是冰点在 –45～–20℃，可根据不同地域的实际需要合理选择，以满足使用要求。

2）防沸。加到水中的乙二醇会改变冷却液的沸点。乙二醇浓度越高，冷却液的沸点也就越高，–20℃时冷却液的沸点为 104.5℃，而 –50℃时沸点达到 108.5℃。如果冷却系统采用压力盖，冷却液的实际沸点会更高，即使在炎热的夏天，也能有效地防止冷却液"开锅"。

3）防腐。冷却液的主要功能是防腐蚀。腐蚀是一种化学、电化学和浸蚀作用，它会逐步破坏冷却系统内的金属表面，严重时可使冷却系统的壁穿孔，引起冷却液漏失，导致发动机损坏。使用去离子水及适当的添加剂能防止各种腐蚀的出现。

4）防锈。锈蚀是由于冷却系统内的氧化作用造成的。热量和湿气使锈蚀的过程加速。锈蚀留下的残余物会阻塞冷却系统，加速磨损和降低热传导的效率。冷却液中的添加剂有助于防止冷却系统通道内锈蚀的出现。

5）防垢。水源中所含的各种杂质，其中包括金属离子、无机盐等，决定了结垢和沉淀的形成，会大大降低冷却系统的导热效率，在许多情况下会对发动机造成严重损害。冷却液所使用的去离子水，可以避免结垢和沉淀的形成，从而保护发动机。

（2）冷却液的使用注意事项

一般情况下，发动机冷却液的更换周期为 40000km 或 2 年，以先到为准。如果遇到冷却系统被污染，必须及时清洗并更换。

冷却液的更换和补充应遵循以下原则：

1）混用问题：同一品牌的冷却液，如果配方相同，可以混用；如果配方不同（如成分比例不同、颜色不同等），不能混用。不同品牌的冷却液，其配方不相同，即使具有相同成分也不能混用。

2）替换问题：冷却液是发动机工作时散热的重要介质，但是冷却液的功能却不局限于此，还有防沸、防锈、防腐等功能。所以，在夏季使用中，切不可将冷却液替换为自来水等其他液体。在购买不到冷却液的紧急情况下，可以采用补充蒸馏水或纯净水，尽量不用矿泉水或井水，到有条件更换的地方时，必须及时更换冷却液。

3）冰点选择问题：各品牌、类型的冷却液由于配制时成分和比例不同，其冰点也不相同，应根据当地的气温条件来选用。冷却液的冰点是冷却液最重要的指标之一，是冷却液能不能防冻的重要条件。冰点越低越好，一般情况下冷却液的冰点应比当地环境条件冬季最低气温再低 10~15℃，以备天气突变。如当地最低气温为 –30℃，则冷却液的冰点应选择在 –45℃ 以下。

二 基本技能

1. 空气滤清器检查及更换

下文以一汽大众迈腾 B8 为例，介绍空气滤清器的检查及更换步骤。

（1）空气滤清器拆卸

1）打开发动机舱盖，并按车辆防护要求操作。

2）如图 2-1-14 所示，选择合适工具拆卸空气滤清器壳。拆卸迈腾 B8 空气滤清器壳的固定螺栓时，选择的工具为 T25 旋具，分次均匀拧出 9 个固定螺栓。

➤ 提示　空气滤清器上带空气流量传感器的车型，需先拔下空气流量传感器的插接器。

3）如图 2-1-15 所示，左手托住滤清器壳上罩，右手取出空气滤清器滤芯。

图 2-1-14　拆卸空气滤清器壳螺栓

图 2-1-15　取出空气滤清器滤芯

（2）空气滤清器检查及安装

1）检查空气滤清器滤芯。如果不是很脏，可以利用压缩空气清洁滤芯；如果已经破损或脏污，应更换新的滤芯。

2）安装新的空气滤清器滤芯时，需注意安装的方向及正反面，然后按拆卸相反顺序将所有零件复位。

3）收起翼子板布和前格栅布，盖上发动机机舱盖，并按 5S 管理规范要求操作。

2. 发动机机油、机油滤清器检查及更换

➤ 注意　请按举升机使用规范及车辆防护标准操作。

（1）工具物品准备

1）选用符合要求的机油：根据对应车型发动机的技术参数（质量等级、黏度等级、加注容量），准备适量的机油，可以采用瓶装机油或集中供油系统（大桶机油）。

2）车间设备：举升机、机油回收桶、工具车。

3）拆装工具：根据车型的需要，准备机油滤清器扳手、加注漏斗、油底壳放油螺塞拆装扳手、发动机护舱盖拆装扳手。

4)车辆防护用品：翼子板布、前格栅布、车内防护三件套。

5)个人防护用品：工作服、手套。

6)其他辅助用品：抹布、干净的纸巾、记号笔。

（2）车辆准备

1)车辆停放在举升工位，正确安放举升机支架或举升块。

2)车辆熄火并冷却一段时间。

3)打开发动机舱盖并按照车辆防护要求操作。

图 2-1-16 是准备工作场景。

图 2-1-16 准备工作

（3）清洁并旋松机油加注口盖

1)找到机油加注口，用干净的抹布清洁机油加注口附近，保证机油加注口周围无灰尘，无杂物。

2)如图 2-1-17 所示，逆时针方向旋松机油加注口盖，不要取下，虚盖即可。

▶ **提示** 必须用不掉屑的干净抹布清洁机油加注口附近，防止异物掉入机油加注口。加注口盖虚盖即可！如果将加注口盖盖紧，会造成发动机内真空，导致废机油不能排出。

（4）放置机油回收桶

1)按照举升机安全操作规范，举升车辆至工作位置并安全锁止。

2)如图 2-1-18 所示，在发动机油底壳放油螺塞下方放置机油回收桶或其他接收容器，防止污染环境。

▶ **提示** 如果采用机油抽吸设备，按照设备说明书操作。

图 2-1-17 旋松机油加注口盖

图 2-1-18 在放油螺塞下方放置机油回收桶

（5）排空旧机油

1)如图 2-1-19 所示，检查油底壳放油螺塞、机油滤清器、油底壳、曲轴前后油封等处是否机油泄漏，如不正常，必须进一步检查和维修。

2)如图 2-1-20 所示，使用梅花扳手或套筒扳手拧松油底壳放油螺塞，再用手取下放油螺塞。

3)等待机油完全排空。

图 2-1-19 检查底盘是否泄漏机油

图 2-1-20 拆卸放油螺塞

> **安全警告**

1）避免用手直接接触机油，以免烫伤。
2）切勿使用任何冲击工具或电动工具拆卸放油螺塞，以免造成螺塞损坏。

> **提示**

1）检查放出的机油是否有铁屑等异常杂质，以及烧焦的异味。如果不正常，发动机可能存在严重机械故障，应建议进一步检查和维修。
2）在等待机油排空期间检查车辆底盘是否存在漏油、松旷等故障，告知车主。

（6）安装油底壳放油螺塞

如图 2-1-21 所示，根据技术要求安装油底壳放油螺塞。
1）再次检查放油螺塞和密封垫片，如有异常必须更换。
2）务必用手安装油底壳放油螺塞，确保螺纹正确吻合。
3）螺塞安装完全就位且不能脱落。

> **安全警告** 请按技术要求操作，否则可能安装不到位，导致放油螺塞脱落或滑丝。

> **提示** 有些车型厂家维修手册要求必须更换新的密封垫片，请按维修手册要求操作。

（7）紧固油底壳放油螺塞

如图 2-1-22 所示，根据技术要求紧固油底壳放油螺塞。

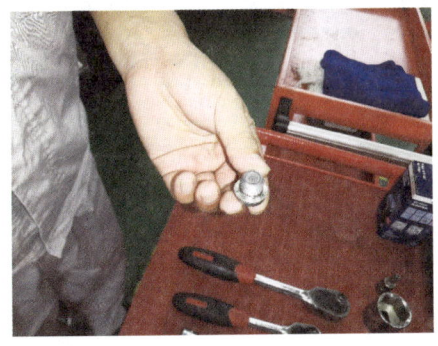
图 2-1-21 检查放油螺塞

图 2-1-22 紧固放油螺塞

1）使用工具紧固放油螺塞（25N·m±5N·m，必要时使用扭力扳手）。
2）只能使用手动工具，切勿使用任何冲击工具或电动工具。
3）清洁并确保油底壳放油螺塞周围无油渍残留。

4）采用记号笔对放油螺塞进行标记，标记应清晰可见。

▶ 提示　该步骤目的是确认放油螺塞已经紧固到位，避免遗忘。

（8）拆卸旧机油滤清器

1）根据机油滤清器的安装位置，确定是否降下车辆。

2）如图2-1-23所示，先用机油滤清器专用扳手逆时针旋转使之松动，然后用手旋下。

3）拆下的机油滤清器请勿随意丢弃，应集中处理。

▶ 提示

1）机油滤清器的类型、规格和安装位置根据车型不同而不同。

图2-1-23　拆卸旧机油滤清器

2）降下车辆之前，务必先移开机油回收桶。

3）请勿将车辆完全降到底，车轮触地即可，避免车辆移动。

（9）打开机油瓶盖

小心打开机油瓶盖，轻轻拉出拉环或撕开密封膜。

▶ 提示　如果采用集中供油系统（大桶机油），则省略本步骤。

（10）安装新机油滤清器

1）如图2-1-24所示，安装前在机油滤清器密封圈表面均匀涂抹新的机油。

2）如图2-1-25所示，用手安装机油滤清器，确保螺纹正确吻合。

图2-1-24　在密封圈表面均匀涂抹新的机油

图2-1-25　用手安装机油滤清器

3）如图2-1-26所示，使用专用工具再次拧紧3/4圈。

4）清洁机油滤清器壳体。

（11）加注机油

1）必要时放置漏斗，避免机油飞溅到发动机上。

2）如图2-1-27所示，缓慢加注机油，避免机油飞溅。

3）按照技术规范要求的机油加注量加注机油，加注时不要一次性将机油全部加入，防止加注过多，可先加3/4，再根据机油尺油液位置补充。

图 2-1-26 用专用工具拧紧机油滤清器

图 2-1-27 缓慢加注机油

（12）检查机油油量

如图 2-1-28 所示，检查机油液位。

1）小心地将机油尺拔出，用干净的抹布擦净机油尺上的机油。

2）缓慢重新插入机油尺，停留片刻后拔出。

3）确认机油尺最高和最低液位标志，新加的机油液位应处于中间偏上位置。

（13）检查机油泄漏情况

图 2-1-28 检查机油液位

1）盖上机油加注口盖。按照正确的安装方向安装机油加注口盖，并确保安装到位。

2）起动发动机，保持怠速状态，直到冷却液温度达到正常值（冷却风扇第一次运转）。

3）举升车辆。

4）如图 2-1-29 所示，仔细检查油底壳放油螺塞、机油滤清器、油底壳周围及其他位置有无机油渗漏情况。如有泄漏，必须进行进一步检查及维修。

▶ **安全警告** 检查时，严禁触摸运转部件及排气管等，否则将发生人身伤害！

（14）再次检查机油油量

1）降低车辆。

2）保持车辆停放在水平的地面上，关闭发动机，并静置一段时间。目的是让机油充分流回油底壳。

3）发动机运转后，可能会影响机油量，如机油滤清器的影响，因此必须再次检查机油量，不足的应补充。机油液位应处于机油尺中间偏上位置（图 2-1-30）。

图 2-1-29 检查机油泄漏情况

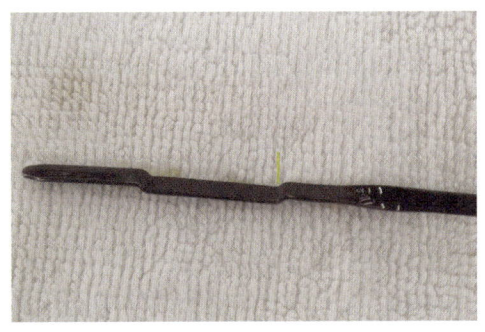

图 2-1-30 机油液位要求

4）检查完毕后，缓慢插入机油尺，并确认到位。

> **提示**

1）涡轮增压发动机，新加机油应处于最高液位。
2）对于没有装备机油尺的高端车型，根据用户手册，从车辆仪表资讯区查看液位数。

（15）检查确认发动机舱复位情况

如图2-1-31所示，检查确认发动机舱复位情况。
1）重新检查机油加注口盖是否盖好及清洁。
2）检查机油尺及其他部件是否安装到位。
3）检查发动机舱内是否有工具遗漏。

保养指示灯检测仪器（解码器）复位

保养指示灯手动复位

（16）车辆保养信息复位

如图2-1-32所示，如果车辆的仪表或显示屏显示保养里程符号，必须进行保养信息复位（保养归零）。

图2-1-31　检查确认发动机舱复位情况

图2-1-32　保养信息复位

> **提示**　复位程序参照维修手册及相关资料。

（17）完成5S工作

如图2-1-33所示，按照5S标准整理工具物品。
1）收起翼子板布及前格栅布。
2）安放好发动机舱盖支撑杆。
3）轻轻放下并关闭发动机舱盖，确保锁止。
4）收起车内三件套。

3. 燃油滤清器检查及更换

（1）燃油滤清器检查

对于外置式燃油滤清器，目视检查管路是否渗漏、外观是否破损、安装位置是否妥当，必要时（车辆有疑似油路故障但车主不愿更换）拆卸检查是否脏污、堵塞。

图2-1-33　完成5S工作

（2）燃油滤清器更换

以下以更换较为复杂的内置式燃油滤清器为例，介绍更换步骤。外置式燃油滤清器更换步骤请参照维修手册。

燃油泵及滤清器拆装

> **安全警告** 请在工位附近放置灭火器，严禁烟火。

1）开启燃油箱盖。如图 2-1-34 所示，打开燃油箱盖板；如图 2-1-35 所示，向左旋转燃油箱盖，然后取出燃油箱盖。

图 2-1-34 打开燃油箱盖板

图 2-1-35 取出燃油箱盖

> **注意** 打开燃油箱盖后，会有燃油蒸气释放，避免燃油管路压力过高。

2）拆卸后排座椅。如图 2-1-36 所示，拆卸时将手指插入座椅底部，向上抬起后排座椅，直至左右卡扣脱离（左右各有一个塑料卡扣固定）。

3）拆卸燃油箱保护盖板。如图 2-1-37 所示，盖板周围由密封胶密封。用一字槽螺钉旋具插入盖板内，沿标识处一圈撬动燃油箱保护盖板。

> **注意** 用力不要过猛，小心盖板变形和损伤漆面。

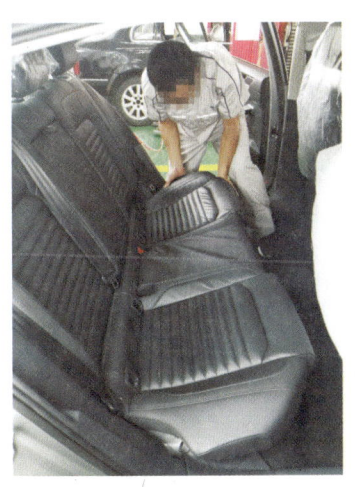

图 2-1-36 拆卸后排座椅

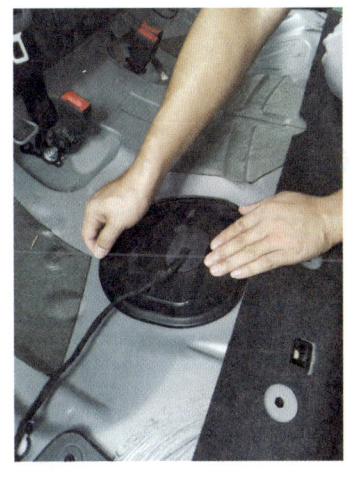

图 2-1-37 拆卸燃油箱保护盖板

4）拆卸燃油滤清器。如图 2-1-38 所示，分别拔下连接带燃油滤清器的燃油泵总成供油管、回油管、通气管和插接件，然后旋出燃油滤清器支架螺栓，取下燃油滤清器。

> **警告** 燃油系统内部有剩余压力，在松开软管前在连接处周围放置抹布。然后小心拔出软管，以卸除压力。

5）安装燃油滤清器。按拆卸的相反顺序安装新燃油滤清器。
6）确认后排座椅、燃油箱盖及盖板等拆卸的部件已经复位。
7）按 5S 规范操作。如图 2-1-39 所示，按照 5S 规范整理工具物品及填写施工单。

 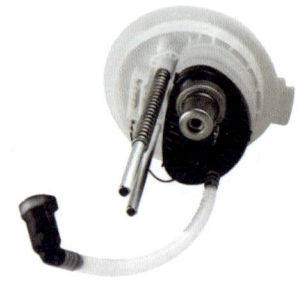 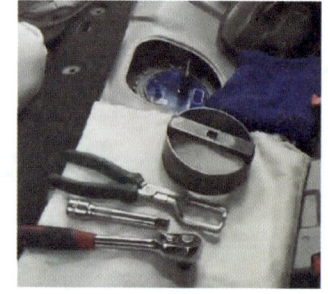

图 2-1-38　拆卸燃油滤清器连接管路　　　　图 2-1-39　按 5S 规范操作

4. 冷却系统检查及冷却液更换

➤ **注意**　请按举升机使用规范及车辆防护标准操作。

冷却液检测

（1）冷却系统检查

1）如图 2-1-40 所示，检查冷却系统橡胶软管是否有硬化、裂纹、变形等损坏。

2）如图 2-1-41 所示，检查冷却系统橡胶软管卡箍是否安装可靠或损坏。

 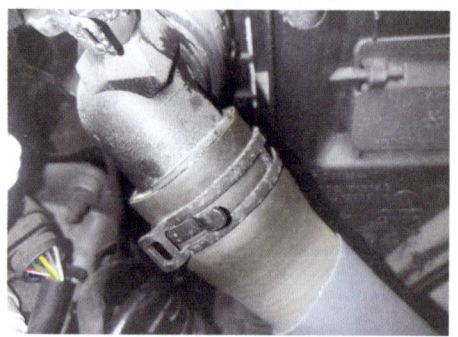

图 2-1-40　检查冷却系统橡胶软管　　　　图 2-1-41　检查卡箍安装状况

3）如图 2-1-42 所示，检查散热器及冷却风扇是否泄漏、损坏等。

4）如图 2-1-43 所示，检查膨胀水箱盖是否泄漏、损坏等。

图 2-1-42　检查散热器　　　　图 2-1-43　检查膨胀水箱盖

5）如图 2-1-44 所示，检查冷却液的液位，不足则添加同一类型的冷却液。

➤ **注意**　添加冷却液时请遵守操作规则，否则易出现人员受伤。

（2）冷却液更换

1）如图 2-1-45 所示，打开冷却液膨胀水箱盖。

图 2-1-44　检查冷却液的液位

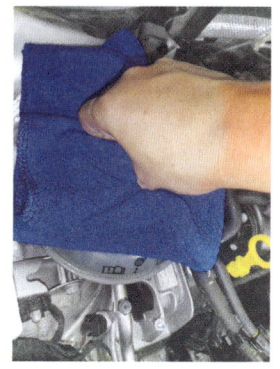
图 2-1-45　打开冷却液膨胀水箱盖

> **安全警告**　释放冷却系统压力时，请用一块厚布覆盖冷却液膨胀水箱盖，避免烫伤。

2）按照举升机操作规范，将车辆举升至合适高度。
3）如果该车型装备有发动机下护板，应拆卸发动机下护板。
4）在散热器的冷却液塑料排放螺塞下方准备冷却液收集桶。
5）如图 2-1-46 所示，逆时针旋松冷却液塑料排放螺塞。
6）等待冷却液完全排空。

> **注意**　排放过程中，注意避免排放的冷却液烫伤身体或四处飞溅。

7）如图 2-1-47 所示，冷却液排放结束后，顺时针旋紧塑料排放螺塞。

> **注意**　不能拧得太紧以免损坏螺塞。

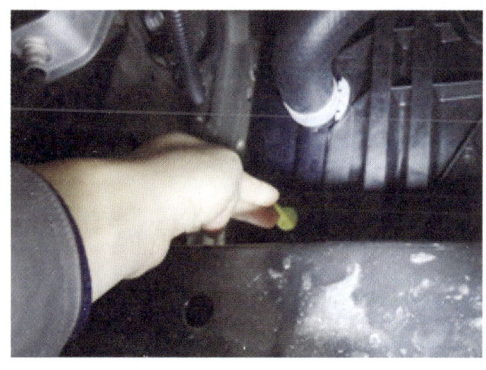
图 2-1-46　排放冷却液

图 2-1-47　拧紧冷却液排放螺塞

8）按照举升机操作规范，降下举升机。
9）如图 2-1-48 所示，在冷却液膨胀水箱里面添加新的冷却液，直至冷却液的液位到达最大液位。
10）如图 2-1-49 所示，拧紧冷却液膨胀水箱盖。
11）暖机后再次检查冷却液的液位。起动发动机并保持怠速状态，直到冷却风扇运转。检查发动机冷却液的液位，如果冷却液低于最低（MIN）刻度线，则补加冷却液至最高与最低液位之间。

图 2-1-48　添加冷却液　　　图 2-1-49　拧紧冷却液膨胀水箱盖

12）检查冷却液是否渗漏。如图 2-1-50 所示，按照举升机操作规则举升车辆，并检查冷却液排放口有无渗漏。

图 2-1-50　检查冷却液是否渗漏

13）降下车辆，收起翼子板布和前格栅布，盖上发动机舱盖，并按 5S 管理规范要求操作。

任务二　底盘油液检查及更换

情境导入

情境描述

你的主管安排你负责客户车辆的底盘维护，施工单注明需要检查变速器油、助力转向油、制动液，必要时进行更换。你能完成吗？

情境提示

底盘油液的检查及更换是维护技师的基本技能，必须根据车辆保养手册的技术要求进行规范操作。

学习目标

知识目标

1. 能描述手动变速器油的作用、类型、选用和更换周期。

2. 能描述自动变速器油的分类标准、性能指标、选用和更换周期。
3. 能描述助力转向油的作用、性能和更换周期。
4. 能描述检查、更换制动液的重要性,以及制动液的类型、使用要求和更换周期。

技能目标

1. 能进行手动变速器油检查及更换。
2. 能进行自动变速器油检查及更换。
3. 能进行助力转向油检查及更换。
4. 能进行制动液检查及更换。

一　基本知识

1. 手动变速器油的作用、类型、选用和更换周期

汽车行驶一定里程后,变速器油可能发生变质,需要检查和更换。对于手动变速器,一般在变速器底部有专门的放油螺塞和油液加注口。

（1）手动变速器油的作用

手动变速器由齿轮传动机构组成,因此手动变速器油即齿轮油,其作用如下:

1）防止和减少齿面间的摩擦和磨损,均匀分布载荷。
2）带走齿轮运动摩擦时产生的热量。
3）将齿面与水、空气隔绝,避免生锈、腐蚀及灰尘。
4）冲洗齿面上的磨粒杂质。
5）减缓齿轮振动,使运动平缓。

（2）手动变速器油的类型

与发动机机油类似,手动变速器油也是根据 API 质量等级、SAE 黏度等级标准来分类的。

1）API 质量等级。如图 2-2-1 所示,齿轮油的 API 质量等级分为 GL-1 至 GL-5。齿轮油的性能级别以 GL 开头,后面跟上字母 1、2、3、4……顺序越往后,质量等级越高,使用性能越好。现 GL-1、GL-2、GL-3 国家已强制淘汰。

2）SAE 黏度等级。如图 2-2-2 所示,齿轮油的 SAE 黏度等级分为单级和多级,单级黏度又分为低温黏度和高温黏度。

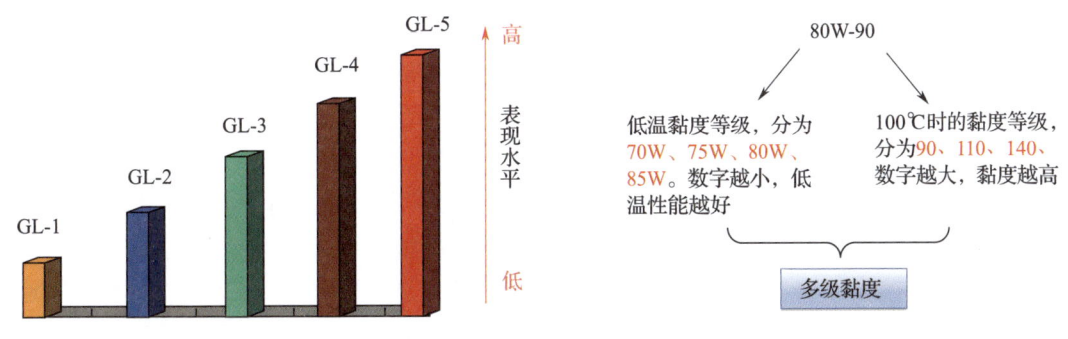

图 2-2-1　齿轮油 API 质量等级　　　　图 2-2-2　齿轮油 SAE 黏度等级

(3）手动变速器油的选用和更换周期

手动变速器油选用的原则如下：

1）根据齿轮的类型和工作条件确定油品质量等级。

2）根据最低使用环境温度和齿轮传动装置的运行最高温度来确定黏度等级。

一般手动变速器油更换周期为 60000km 或 3 年，以先到为准。具体更换周期应根据使用条件并参照相关车型的维修手册。

2. 自动变速器油的分类标准、性能指标、选用和更换周期

自动变速器油（ATF）在使用中性能会降低，需对其进行检查，必要时更换。自动变速器油的种类繁多，在更换时需特别注意适用的变速器类型。

（1）自动变速器油的分类标准

目前常见的自动变速器按控制方式可以分为 4 种类型，即液力自动变速器（AT）、无级自动变速器（CVT）、双离合器自动变速器（DSG）和自动离合器变速器（AMT）。AMT 的本体实际上就是手动变速器，因此采用齿轮油；其他类型的自动变速器采用专用自动变速器油。

以最常用的美国通用（GM）公司的 ATF 的分类标准为例，见表 2-2-1。

表 2-2-1 GM 公司自动变速器油标准

标准	说明
Dexron	GM 于 1967 年创建的 ATF 型号
Dexron Ⅱ	GM 第二代 ATF，在黏度和抗氧化方面有所改进
Dexron ⅡE	GM 改良型 ATF，主要是应对当时各厂家推出的电控变速器
Dexron Ⅲ	GM 第三代 ATF，适合于早期的电控变速器，全球使用广泛的 ATF
Dexron Ⅲ (H)	GM 在 Dexron Ⅲ 基础上改良的高效抗磨 ATF
Dexron-Ⅵ	GM 新型 ATF，主要应用于 6 速或 7 速的电控变速器，也是 ATF 发展方向

（2）自动变速器油的性能指标

1）适当的黏度。ATF 的使用温度为 $-40\sim170℃$，范围很宽，又因自动变速器对其工作油的黏度极其敏感，所以黏度是 ATF 重要的特性之一。不同种类变速器所需要的 ATF 黏度也不相同，因此不能随意地更换 ATF，避免由于 ATF 黏度与自动变速器要求黏度不适应，导致出现不良反应。当使用 ATF 的黏度偏高时，不仅影响变矩器的效率，而且可能造成低温起动困难；当使用 ATF 的黏度偏低时，会导致液压系统的泄漏增加。特别是变速器在高速工作时，铝制阀体膨胀量较大，此时黏度低则可能引起换档不正常。

2）良好的热氧化安定性。ATF 的热氧化安定性是使用中的一个极为重要的问题。与机油一样，油品的氧化安定性直接决定着 ATF 的使用寿命和自动变速器的使用寿命。因为 ATF 的使用温度很高，如果热氧化安定性不好，就会导致形成油泥、清漆、积炭及沉淀物等，从而造成离合器片和制动片打滑、控制系统失灵等故障的发生。

3）良好的抗泡沫性。自动变速器中的 ATF 产生泡沫对于传动系统危害很大，这是由液力自动变速器油的工作性质所决定的。AT 采用的液力变矩器和变速器是同一油路系统供油的，因此 ATF 既是变矩器传递功率的介质，又是变速器自动控制的介质和润滑冷却的

介质。泡沫可导致变矩器传递功率下降,泡沫的可压缩性导致液压系统压力波动和油压下降,严重时可使供油中断。油中混入大量空气,实际是减少了润滑油量。这些气泡在压缩过程中温度升高,又加速了油品老化,影响了油品使用寿命,且导致机件早期磨损。

4)良好的抗磨性能。只有具有良好的抗磨性能,才能保证变速器的以下需要:

①行星齿轮中各齿轮传动的需要。

②离合器片工作效能的需要。

③自动变速器寿命的需要。

5)与液压系统中橡胶密封材料的匹配性好。自动变速器中多使用的是丁腈橡胶、丙烯橡胶及硅橡胶等,要求ATF不能使其有太明显的膨胀,也不能使之硬化变质。

6)良好的摩擦特性(换档性能)。这是保证传动齿轮各件工作平顺的关键,并能降低噪声,延长寿命。

7)防腐(防锈)性能优良。在传动装置和冷却器中安装有铜接头、黄铜轴瓦、黄铜过滤器及止推垫圈等部件。这些部件中均含有大量的有色金属,因此ATF必须要保证不会引起铜腐蚀和其他金属生锈。

8)储存安定性优良。ATF在一定温度范围和一定时间内应该保证均相,且没有分解,而且ATF各成分不应该出现分层或析出等现象。

(3)自动变速器油的品质判断

自动变速器零部件的损坏主要有两种形式,即自然磨损和突然损坏。这两种形式的损坏,特别是自然磨损,都伴随着杂质的产生。而磨损部件在磨损中产生的杂质大部分会沉积在油底壳中。ATF是自动变速器液力传动装置的工作介质,自动变速器发生故障,ATF一般也会发生相应的变化。所以,在检查自动变速器故障之前,一般应首先检查自动变速器的油质。由于很多杂质沉在油底壳底部,油标尺不能伸至自动变速器油底壳底部,因此不能用油尺检查ATF状态。正确方法是拆下自动变速器的油底壳,检查油底壳中有无杂质。根据杂质成分分析自动变速器的故障原因,排除自动变速器的故障。

ATF品质判断方法如下:

自动变速器油液的气味和状态可以表明自动变速器的工作状态,检查油液时,首先看一下颜色,然后用手指相互摩擦一下油,检查是否有杂质,并闻一下气味。如油液有焦味并且呈棕黑色,说明已经变质了。油液的状态与变质原因见表2-2-2。

表2-2-2 自动变速器油的状态与变质原因

油的状态	变质原因
油变成深棕色或棕褐色	没及时更换油或由于重负荷运转,某些部件打滑或损坏造成变速器油温过热
油中有金属屑	单向离合器或轴承严重损坏
油中有油膏胶质	变速器油温长期过热
油有烧焦味道	油温过高,油面过低,冷却器或管路堵塞导致离合器或制动器摩擦片烧蚀

(4)自动变速器油选用和更换周期

ATF是特殊的润滑油,不得用齿轮油代替,因为ATF不仅具有润滑、冷却作用,还具有传递转矩和液压以控制自动变速器的离合器和制动器工作的性能。如果ATF不按规定使用,将影响自动变速器使用寿命甚至损坏。目前市面上所有品牌的ATF并非都适用于全部类型的自动变速器，更换时必须采用厂家推荐专用的油液，依据油品的说明书或咨询专业技术人员。

ATF 一般推荐 6 万~8 万 km（3~6 年）更换。部分 CVT 和 DSG 的厂家声称其生产的变速器"免维护"，即无需更换油液，但为了保证自动变速器使用寿命，建议根据使用情况更换油液。

下文列举了 ATF 常见相关问题的解答。

问题一：为什么要更换自动变速器油？

自动变速器油如果不更换，油液会变脏。如果自动变速器中油脏了会出现什么后果呢？

首先，脏油中的油泥积炭会形成磨料磨损，从而加大各摩擦片及各部件的磨损，降低各部件的寿命。

其次，脏油中的油泥积炭会使各阀体油管中的油流动不畅，影响动力传递，从而使自动变速器提速慢或失速，严重时就会使某个档位无油压致使烧片。

再次，脏油还会使阀体的密封胶圈过早老化，使阀体卸油油压受影响，也会造成提速慢、失速等故障，严重时则使各摩擦片打滑、烧蚀。

据有关权威机构统计，自动变速器出故障 90% 以上是由于换油不及时造成的。

问题二：使用劣质自动变速器油有什么后果？

自动变速器油对品质的要求比一般的机油或者润滑油要求更高。它是一种特殊的液压油，不仅要对内部精密部件进行润滑，更重要的是通过自身液压的作用传递动力。自动变速器内有很多组摩擦片，其可以产生类似手动变速器中的不同传动比，所以其对黏度、流动性的要求比较高。使用劣质的自动变速器油不仅达不到良好的润滑效果，而且会导致严重的动力下降和变速器内摩擦片的磨损，导致机件的终身损伤。

因此劣质的自动变速器油很容易导致自动变速器换档不平顺，产生强大的振动冲击，导致车辆舒适性差，更重要的是降低自动变速器的使用寿命，造成不必要的经济损失。

问题三：多长时间更换自动变速器油比较合适？

自动变速器油的更换周期根据厂家及车型不同具有一定的差异性，可以根据厂家保养手册中指定的时间周期进行更换。一般自动变速器油的更换标准为 2 年或 4 万 km、3 年或 6 万 km、4 年或 8 万 km；从技术角度考虑换油周期在 4 年或 8 万 km 较合适，从油品的销售角度考虑换油周期在 2 年或 4 万 km 比较合适，综合考虑换油周期定在 3 年或 6 万 km 最适宜，以先到者为更换标准，即车辆使用 3 年以上，但只行驶 4 万多 km 或车辆使用不到 1 年，而行驶的里程数达到了 6 万 km，这两种情况之一都应更换。另外，如果车辆行驶涉过较深的水后，应立即到专业维修机构检查变速器内部是否渗进了水，如发现有水进入，油有些变质，即使是很少量也必须马上更换变速器油。还有车辆每行驶 15000km，应对自动变速器做一次检查维护，检查有无渗漏、油面的高低、油质的好坏等，如有问题应及时做补救措施或更换。

问题四：一定要选用厂家指定的自动变速器油吗？

自动变速器油的通用性不像发动机润滑油那么强，不同类型的自动变速器内部结构、摩擦部件和密封部件等都会有所不同，厂家的用油标准是根据变速器的结构和材料特殊配制的,其他油品即使质量很好,但也未必适用。更换变速器油时会有部分旧的油液残存在变速器的油道和液力变矩器内,在加入不同的油液时,两种不同的油液在自动变速器内部混合后,可能会使自动变速器油的性能下降,导致自动变速器出现润滑不良或工作异常等故障,严重损坏自动变速器。因此,根据自动变速器的分类,不同结构以及不同控制原理的变速器的油品是不能混用的,在换油时必须使用符合变速器生产厂家标准的自动变速器油。

问题五:车辆标明是"免维护"自动变速器,也就是不用换自动变速器油了吗?

自动变速器内部的零件精度较高,所以自动变速器本身对自动变速器油的质量要求也很高。当自动变速器油变质或过脏或氧化变质时,首先会加剧自动变速器内的零件磨损,其次自动变速器内部零件磨损的碎屑和自动变速器内的油泥会堵塞自动变速器内的油道,导致自动变速器工作异常,出现换档冲击和加速迟缓等故障现象。为了避免自动变速器油变质和过脏,影响自动变速器的正常工作,因此要定期更换自动变速器油。对于终生"免维护"的自动变速器,实际使用中,建议还是定期更换自动变速器油,以延长自动变速器使用寿命。

3. 助力转向油的作用、性能和更换周期

(1)助力转向油的作用

助力转向油是加注在助力转向系统里面的一种介质油,起到传递转向力和缓冲的作用。如图 2-2-3 所示,助力转向储油罐一般是单独安装,但也有直接安装在转向液压泵上的。助力转向储油罐的作用是储存、滤清并冷却液压转向加力装置的工作油液。

图 2-2-3 助力转向储油罐安装位置

如图 2-2-4 所示,储油罐中的低压油经过转向助力泵加压之后转换成高压油液,高压油液经过转向系统中的液压管路进入液压助力油缸,推动助力缸中的活塞左右移动,从而实现液压能转换成机械能,达到转向助力的作用。

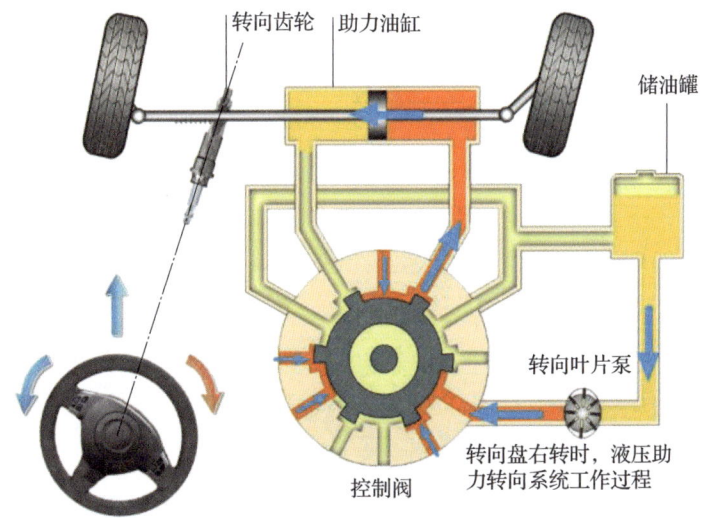

图 2-2-4 助力转向系统的工作原理

（2）助力转向油的性能

助力转向油应具备以下性能：

1）抗磨性能。油品抗磨性能不好会表现为润滑油在金属表面的油膜保持能力差，随着转向系统频繁工作，油膜被破坏，从而造成干摩擦，引起系统内构件摩擦表面的磨损和擦伤，导致机械故障。为保证系统的正常运行，减少系统的故障率，要求转向油液具有更好的抗磨损性能。

2）低温性能。低温性能是衡量油品在低温条件下流动性的重要指标。由于车辆所处环境不同，不同季节温度变化较大，尤其是在低温条件下起动时，如果转向油液的低温性能不好，会造成转向困难。

3）空气释放性和抗泡沫性。空气释放性反映油品分离雾沫空气的能力，抗泡沫性则表示了油品在有空气进入的情况下消除泡沫能力的好坏。混合空气的转向油液工作时会使系统的效率降低，润滑条件恶化，严重时会产生异常的噪声、振动等，甚至还会造成驱动系统压力不足和传动反应迟缓。

4）抗剪切稳定性。由于车辆在行进过程中转向系统频繁工作，对油品剪切作用非常大，具有良好的抗剪切能力的转向油液能保持足够的黏度，在摩擦副表面形成持续的油膜。

（3）助力转向油的更换周期

一般汽车厂家并不严格规定助力转向油的更换周期。为防止助力转向油过脏或变质，结合目前我国的道路状况、空气质量和使用人员的技术水平等因素，建议 40000~60000km 或 2~3 年更换一次助力转向油。

4. 制动液的检查、更换重要性、类型、使用要求和更换周期

（1）检查、更换制动液的重要性

制动液是一种吸湿性很强的液体，能吸收周围空气中的水分，过多的水分会降低制动液的制动效能，同时过脏的制动液会引起制动失灵。每次车辆维护时都必须对制动液进行检查，必要时需更换。

（2）制动液类型

DOT 是美国运输部的英文缩写。美国运输部对汽车制动液制订了一系列标准，国际上已公认了 DOT 的制动液标准。图 2-2-5 所示是目前市场上常见类型的制动液。

DOT标准

DOT3、DOT4、DOT5.1	DOT5
聚乙二醇醚	硅油

	DOT3	DOT4	DOT5.1	DOT5
干沸点	205℃	230℃	260℃	260℃
湿沸点	140℃	155℃	180℃	180℃
颜色	黄色	黄色	黄色	蓝色

图 2-2-5 制动液的类型

（3）制动液的使用要求

制动液的使用要求如下：

1）不同类型的不能混用。

2）加注或更换应使用专业工具。

3）防止水分和矿物油混入。

4）制动缸内的密封件不能敞开放置。

5）有毒，不能用嘴吸取。

6）有腐蚀性，防止与车身涂层接触。

7）注意防火。

（4）制动液更换周期

一般目视判断制动液是否变色，再根据制动液检查仪进行判断。大多数情况每行驶2年或4万km应进行制动液的更换。

二 基本技能

> 注意 请按举升机使用规范及车辆防护标准操作。

1. 手动变速器油检查及更换

下文以一汽丰田卡罗拉为例，介绍手动变速器油的检查及更换步骤。

1）举升车辆至工作位置并安全锁止。

2）如果相关车型配置发动机下护板，则先拆卸发动机下护板。如图2-2-6所示，选用合适工具拆卸发动机护板的固定螺栓（图中箭头所指位置），露出变速器放油螺塞。

3）为收集漏出的液体做好准备。如图2-2-7所示，在放油螺塞下放置油液回收容器。

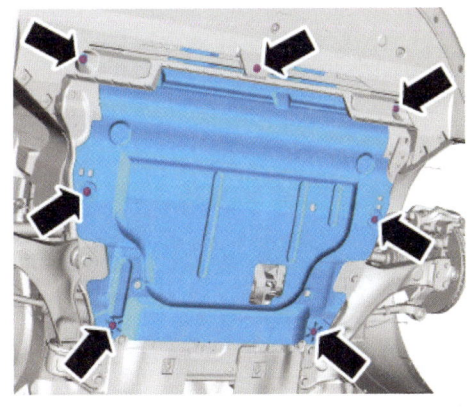

图2-2-6 拆卸发动机下护板

图2-2-7 为收集漏出的液体做好准备

4）找到并拆卸变速器放油螺塞。如图2-2-8、图2-2-9所示，用工具拧松变速器放油螺塞，然后用手缓慢拆下放油螺塞，完全泄放变速器油。

5）装回放油螺塞。如图2-2-10所示，先手动装回变速器放油螺塞，然后用工具拧紧。

> 注意 请先清洁放油螺塞并涂抹密封胶。

图 2-2-8　拧松变速器放油螺塞

图 2-2-9　泄放变速器油

6）找到并拆卸变速器油液加注/检查孔上的螺塞。如图 2-2-11 所示，拆卸变速器油液加注/检查螺塞。

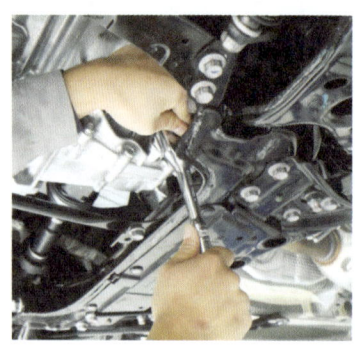
图 2-2-10　装回变速器放油螺塞

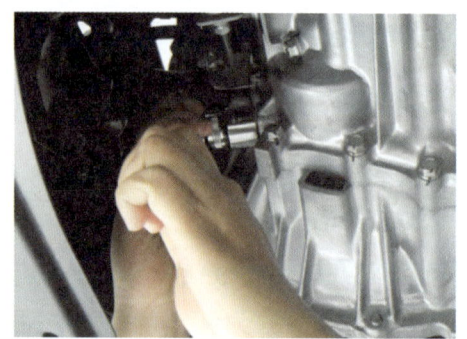
图 2-2-11　变速器油液加注/检查螺塞

▶ **警告**　为避免拆卸到变速器固定螺栓，变速器油液加注/检查螺塞的位置必须以维修手册为准。

7）加注变速器油。如图 2-2-12 所示，使用齿轮油加注机，加注变速器油，直到加注/检查孔有油液流出。

8）装回加注/检查螺塞。如图 2-2-13 所示，先手动装回变速器油液加注/检查螺塞，然后用工具拧紧。

▶ **注意**　请先清洁加注/检查螺塞并涂抹密封胶。

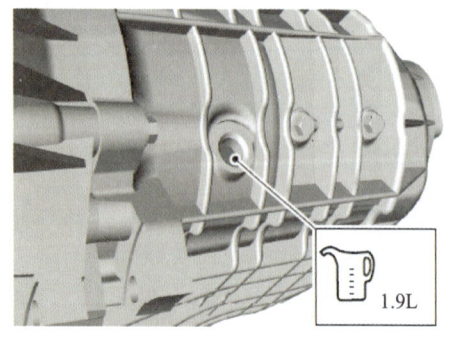
图 2-2-12　加注变速器油

图 2-2-13　装回加注/检查螺塞

9）装回发动机下护板（如有配置）。按照拆卸时的相反顺序装回发动机下护板。
10）降下车辆，并按 5S 管理规范要求操作。

2. 自动变速器油检查及更换

下文以一汽大众迈腾装备 DSG 变速器的车型为例，介绍自动变速器油的检查及手动（重力式）更换步骤，其他车型及自动换油设备更换方式请参照维修手册或设备说明书。

> **注意** 所需要的专用工具和维修设备如下（可以采用其他类似设备）：

1）诊断设备 VAS 5051。
2）机油加注适配接头 VAS 6262。
3）旧油收集和抽吸装置 V.A.G 1782 或接油盘 V.A.G 1306。
4）扭力扳手 V.A.G 1331。

1）关闭发动机，变速杆位于 P 位置。
2）如图 2-2-14 所示，如果相关车型配置发动机下护板，则先拆卸发动机下护板。
3）如图 2-2-15 所示，将接油盘 V.A.G 1306 放到自动变速器下面。

图 2-2-14 拆卸发动机下护板

图 2-2-15 放置接油盘

4）滤清器更换。

①拧下滤清器壳体（图 2-2-16）。从变速器上取下滤清器壳体之前，轻轻敲击壳体，在其位置上略微翻转，以使壳体内的油流回变速器。

②将新的滤清器滤芯连同"凸肩"（图 2-2-17 中的箭头处）向下装入后，用 20N·m 的力矩拧紧罩壳。

图 2-2-16 滤清器位置

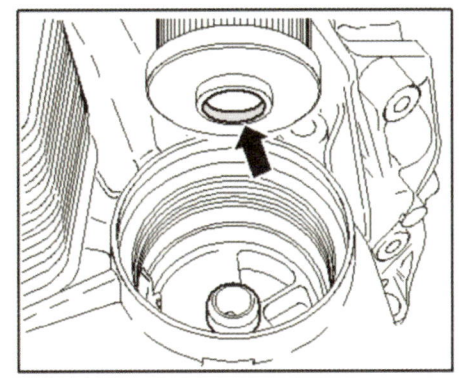
图 2-2-17 安装滤清器

5）如图 2-2-18 和图 2-2-19 所示，拆卸自动变速器的放油螺塞。
6）拧下箭头处（图 2-2-18）的放油螺塞后，在孔内是一个由塑料制成的黑色溢流管（带有 8mm 内六角头放油螺塞，拧紧力矩：3N·m，如图 2-2-20 所示），其长度决定了变速器内的油位。拆下油管后，约 5L 的变速器油可以被放出。

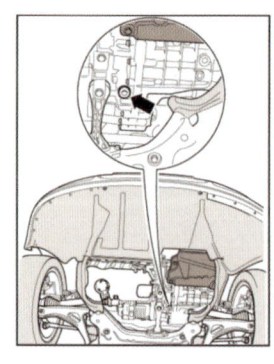

图 2-2-18　放油螺塞位置　　　　图 2-2-19　拆卸放油螺塞

7）以 3N·m 力矩将溢流管装回放油孔。
8）将专用工具 VAS 6262 的螺纹接头 A（图 2-2-21）用手拧紧到放油孔内。
9）添加约 5.2L 的 DSG 专用变速器油。

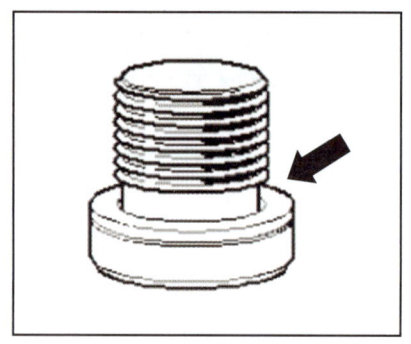
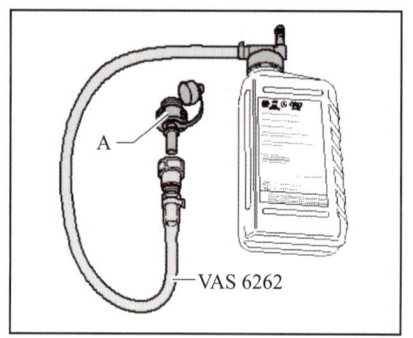

图 2-2-20　溢流管位置　　　　图 2-2-21　专用工具 VAS 6262

> **提示**

1）专用工具必须高于变速器。
2）在打开前请晃动油罐。
3）更换油瓶时可以关闭龙头或将加注适配接头 VAS 6262 的高度保持得比变速器高。

10）油位调整。
①接上 VAS 505X，读取变速器油温。
②起动发动机。
③踩下制动踏板，然后挨个挂入档位约 3s。将变速杆再次置于 P 位置。
④当变速器油温达到 35~45℃时：
　a. 拆下 VAS 6262 的快速接头，让多余的变速器油流出。
　b. 当变速器油开始滴出时，拧下 VAS 6262 接头 A，拧上放油螺塞，注意更换新的密封垫。
　c. 拧紧放油螺塞，拧紧力矩 45N·m。
11）装回发动机下护板（如有配置）。按照拆卸时的相反顺序装回发动机下护板。
12）降下车辆，并按 5S 管理规范要求操作。

3. 助力转向油检查及更换

以下以装备液压助力转向系统的别克凯越为例，介绍助力转向油的检查及更换方法，其他车型基本相同。

（1）检查助力转向油

▶ **提示** 如果发现助力转向油液位明显下降，应检查助力转向油中是否含有空气，软管接头处和密封圈处是否有渗油、漏油。若存在以上问题应修复，并添加相同型号的助力转向油。

1）检查助力转向油液位。首先清洁助力转向储油罐上的污物，然后检查助力转向油液面的位置。工作后的助力转向油温度约为 66℃，液位应在 MAX 和 MIN 之间。冷却后的助力转向油温度约为 21℃，油液位置应在 MIN 最低标记处（图 2-2-22）。

2）检查助力转向油品质。如图 2-2-23 所示，目视助力转向油是否脏污、变色或产生气泡，如果存在以上问题应更换相同型号的助力转向油。

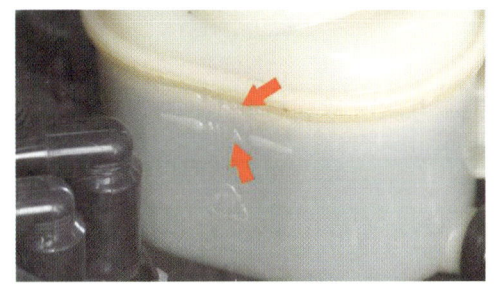

图 2-2-22　助力转向油液位高度范围

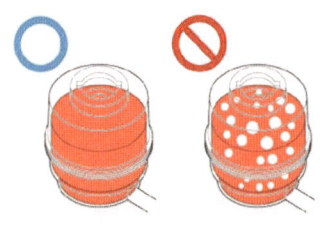

图 2-2-23　检查助力转向油的品质

（2）更换助力转向油

1）举升车辆。根据举升机操作规范，举升车辆到合适操作位置，确保前车轮能自由转动。

2）抽出储油罐内的助力转向油。如图 2-2-24 所示，旋开储油罐罐盖，使用抽油器从储油罐中抽出助力转向油。

3）排净转向系统中的助力转向油。

①将合适的容器（储液盘）放在储油罐出油软管的正下方。

②如图 2-2-25 所示，使用鲤鱼钳，将出油管固定卡箍移除。

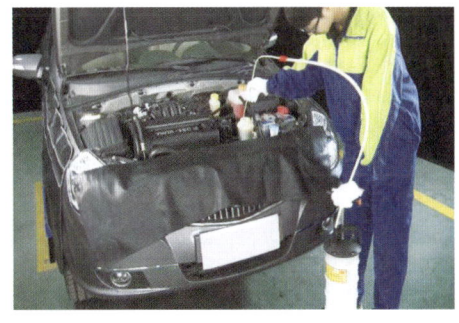

图 2-2-24　抽出储油罐内的助力转向油

图 2-2-25　移除油管固定卡箍

③拆下储油罐上的出油软管，并放入到容器中。

▶ **注意** 容器的位置应低于转向助力泵的位置，否则油液不能排净。

④起动发动机，保持怠速运行，将转向盘从左到右、从右到左来回转动，确保将转向

助力系统中的助力转向油排完。

⑤确认助力转向油排完后,关闭点火开关,确保发动机停止运转。

➤ **注意** 转动转向盘时,不能将转向盘停留在左右极限位置,否则会导致系统压力过高或过热,损坏动力转向泵。

4)清洗动力转向系统。

①如图 2-2-26 所示,安装储油罐上的出油软管,正确使用鲤鱼钳,将出油管固定卡箍移到正确的位置。

②加注规定型号的助力转向油。使液面到标记的 MIN 位置。

③起动发动机,保持怠速运转。

④将转向盘从左到右、从右到左来回转动,此时,转向系统处于正常工作状态。

图 2-2-26　安装储油罐出油软管

⑤发动机怠速运转 1~3min 后,关闭点火开关,使发动机停止运转。

⑥使用鲤鱼钳拆下储油罐上的出油软管,并将其放入容器中,查看容器中的助力转向油,直到助力转向油干净为止,否则重复以上步骤。

5)加注助力转向油。

①安装储油罐上的出油软管,正确使用鲤鱼钳将出油管固定卡箍安装到正确的位置。

②加注规定型号的助力转向油,使液面到规定的 MIN 标记位置。

➤ **注意** 确保油管固定卡箍紧固,使用的助力转向油是规定型号的助力转向油。

6)排净助力转向系统中的空气。

①进入驾驶室,起动发动机,保持怠速运转。

②重新检查液面,必要时,添加助力转向油,使液面达到 MIN 标记位置。

③将转向盘从左到右、从右到左来回移动,排除系统中的空气。

④检查储油罐中的油液是否起泡或者乳化,如果有起泡或乳化,则检查系统是否有泄漏,如有应修复。

⑤使转向盘回到中心位置,让发动机继续运转,1~3min 后,关闭点火开关,使发动机停止运转。

➤ **注意** 助力转向系统维修后,必须从转向机构排出空气。油液中的空气可能会导致泵产生噪声,时间一久还会导致泵损坏。

7)降下车辆。根据举升机的操作规范,将车辆降至地面。

8)重新检查助力转向油。

①起动发动机,确保转向功能正常,且没有噪声。

②重新检查液面,确保系统达到正常工作温度并稳定后,液面在 MAX 和 MIN 之间。

③再次检查出油软管与储油罐连接处是否泄漏。

➤ **注意** 如果发现助力转向油液位明显下降,应检查助力转向油中是否有空气,软管接头处和密封圈处是否有渗油、漏油。若存在以上问题,则应修复,并添加相同型号的助力转向油。

9)按 5S 管理规范要求操作。

4. 制动液检查及更换

下文以一汽大众迈腾为例,介绍制动液的检查及手动更换步骤。其他车型及自动换油设备更换方式请参照维修手册或设备说明书。

制动液更换

(1)检查制动液

1)将车辆停放在举升机位,打开发动机舱盖。

2)检查制动管路(图 2-2-27)是否存在泄漏。

3)检查制动液液位(图 2-2-28),应处于 MAX(最高)和 MIN(最低)之间。如果制动液液位偏低,进一步检测制动液是否泄漏,或制动片是否磨损。

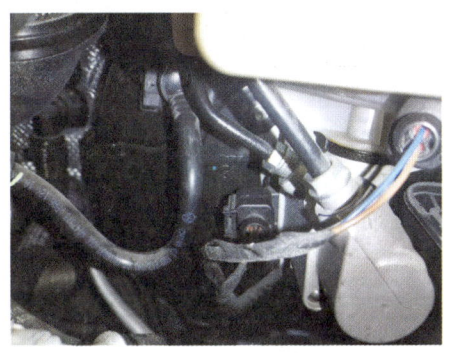

图 2-2-27 制动管路

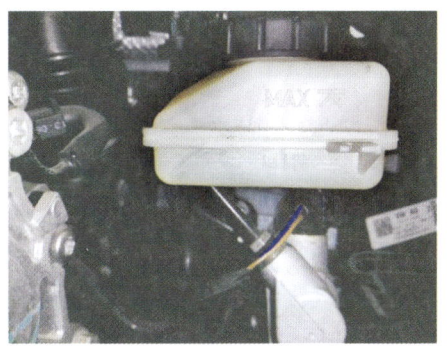

图 2-2-28 制动液储液罐液位

4)检查制动液品质。如图 2-2-29 所示,目测检查制动液是否脏污,然后用制动液检测仪检测含水率是否合格。

(2)更换制动液

1)将车辆停放在举升机位。

2)拆卸四轮车轮。

3)添加制动液。如图 2-2-30 所示,向储液罐内添加制动液,确保液位始终不低于最低刻度 MIN。

图 2-2-29 制动液含水率检测

图 2-2-30 添加制动液

▶ **注意** 添加制动液时防止滴漏在车辆上。

4)如图 2-2-31 所示,将扳手放在制动钳的放油螺栓处,并选好合适位置以便有空间可以松动放油螺塞。

5）如图 2-2-32 所示，将排放管套在放油口上，连接排放集油壶，逆时针方向旋松放油螺塞。

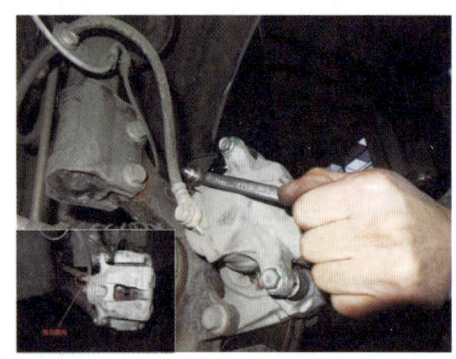

图 2-2-31　放置放油扳手

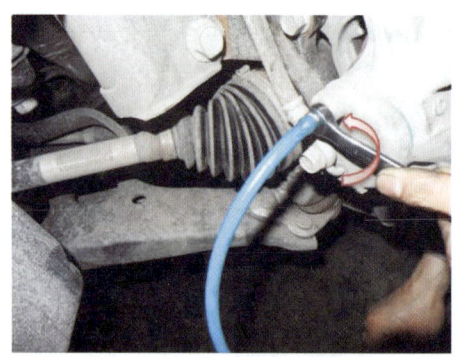

图 2-2-32　排放制动液

6）如图 2-2-33 所示，助手进入驾驶室内，轻缓将制动踏板踩压到底再缓慢抬起松开，约连续 5 次。

7）反复添加新制动液，排放旧制动液，直到连接放油口的软管处流出的制动液呈清澈的淡黄色为止。

> **注意**　在排放制动液的过程中，应及时补充制动液，保证制动液储液罐的液位不低于 MIN （图 2-2-34）；待放油螺塞不断排出淡黄色的制动液时，说明新的制动液替换旧的制动液已经完成。

图 2-2-33　连续踩放制动踏板

8）紧固制动液放油螺塞。如图 2-2-35 所示，以顺时针方向旋紧制动液放油螺塞，拆下排放管。

图 2-2-34　制动液液面

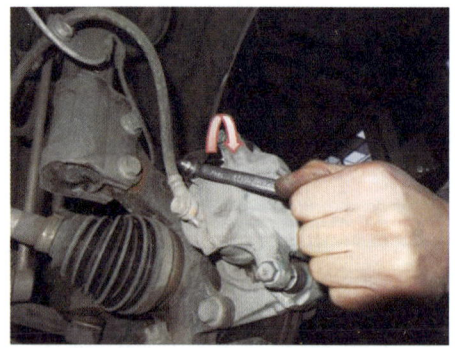

图 2-2-35　紧固制动液放油螺塞

9）按照同样的方法，排清其他 3 个制动管路内的废制动液。4 个车轮一起排放制动液时按照车轮与制动主缸的距离，以先远后近的顺序操作，依次为右后、左后、右前、左前。

10）检查渗漏。起动车辆，连续多次踩踏制动踏板，确定制动踏板高度比较高后，观察制动液放油螺塞是否渗漏。

11）安装车轮。

12）降下车辆，并按 5S 管理规范要求操作。

任务三　空调滤清器与制冷剂检查及更换

➡ 情境导入

情境描述

一辆一汽大众迈腾B8，开空调时制冷不足而且有异味。你的主管安排你对其检查，必要时更换空调滤清器，补充制冷剂。你能完成吗？

情境提示

空调滤芯能够清除车内空气中的异味微粒，并能去除车外空气中的花粉和灰尘，使空气得到净化，如空调滤清器脏污或堵塞，将会产生异味并且风量很小。

正确处理制冷系统的故障，需要了解制冷系统的结构与工作原理，并熟悉制冷系统常见故障现象、检测方法并具备基本作业项目的操作能力。

➡ 学习目标

知识目标

1. 能描述空调滤清器的作用、位置和更换周期。
2. 能描述制冷剂回收、净化、加注的工艺流程。

技能目标

1. 能进行空调滤清器检查及更换。
2. 能进行空调制冷剂检查及加注。

一　基本知识

1. 空调滤清器的作用、位置和更换周期

（1）空调滤清器作用

为确保车内空气清洁，汽车空调系统需要装备空调滤清器（也称空调滤网或滤芯）。进入车内的空气由车外新鲜空气和车内再循环空气组成。车外空气受到粉尘、烟尘以及汽车尾气中的CO、SO_2等有害气体的污染；车内空气受到乘客呼出的CO_2、人体汗味以及进入车内的其他污染物污染。这些因素降低了进入车内空气的洁净度，而空调滤清器能够清除车内空气中的异味微粒，并能去除车外空气中的花粉和灰尘，使空气得到净化。图2-3-1所示是汽车空调通风系统过滤过程，图2-3-2是空调滤清器实物图。

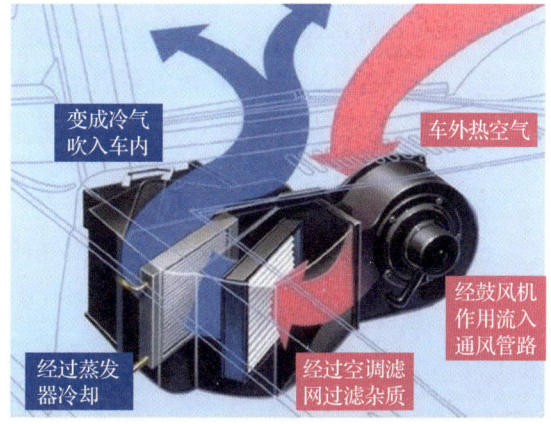

图2-3-1　汽车空调通风系统过滤过程

（2）空调滤清器安装位置

不同车型空调滤清器的位置有所不同，主要有以下两个位置（图2-3-3）。

1）在车辆的风窗玻璃右下方，被流水槽盖住，拆卸时先拆卸导流板的卡扣，拆掉流水槽就可以见到空调滤清器。

2）在前排乘客储物盒后面，拆卸时先将储物盒取下，拆掉在滤网外侧的密封盖板就可以见到安装在里面的空调滤清器。

图2-3-2　各种类型的空调滤清器

a）前排乘客储物盒

b）风窗玻璃右下方

图2-3-3　空调滤清器安装位置

（3）空调滤清器更换周期

在一般道路情况下，汽车行驶每隔7500~10000km必须对空调滤清器进行清洁维护或更换。在沙尘较大的地区，维护的间隔则应相应缩短。

2.汽车空调制冷剂回收、净化、加注工艺流程

制冷剂随意排放是导致地球大气温室效应越来越严重的原因之一。以R134a为例，1kg的R134a的温室效应相当于1300kg二氧化碳的效应。因此对制冷剂的相关作业应有相应的国家或行业标准规范加以约束。

（1）制冷剂作业的相关术语和定义

1）制冷装置。由压缩机、冷凝器、储液干燥器或气液分离器、节流元件、蒸发器、制冷剂管路和风机等构成，是将车室内的热量传递给室外环境的装置。

2）制冷剂回收。用专用设备将制冷装置中的制冷剂收集到特定外部容器中的过程。

3）制冷剂净化。用专用设备对回收的制冷剂进行循环过滤，去除其中的非凝性气体、油、水、酸和其他杂质，使其能够重新利用的过程。

4）制冷剂加注。用专用设备将制冷剂加注到制冷装置中的过程。

5）清洗。用专用设备和指定方法对制冷装置内部进行清洁的过程。

6）非凝性气体。在工作条件下，制冷装置中不能凝结为液相的气体，如空气、冷冻机油蒸气等。

（2）作业基本条件

1）设备、仪器、工具及材料。汽车空调制冷剂的回收、净化和加注作业应具备以下

设备、仪器、工具及材料。

①汽车空调制冷剂回收/净化/加注设备（图2-3-4），应符合相关标准并通过质量合格评定，称重装置应在检定有效期内。

②制冷剂鉴别设备，应具备检测制冷剂类型、纯度、非凝性气体以及其他杂质的功能。

③制冷剂检漏设备（图2-3-5），应与制冷剂的类型以及所采用的检漏方法相适应。

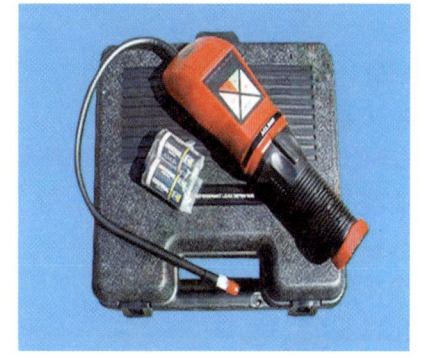

图2-3-4　制冷剂回收净化加注机　　　图2-3-5　电子检漏仪

④温度计（电子数字温度计、水银温度计或普通干湿球温度计，图2-3-6），应在检定有效期内。

⑤制冷剂（图2-3-7），应经过鉴别确认，符合制冷装置规定的制冷剂类型。

⑥冷冻机油，应符合制冷装置的规定。

HFC—134a系统：聚烯基乙二醇（PAG）、聚酯类油（POE）、多羟基化合物（ND11，用于电驱动压缩机）。

CFC—12系统：矿物基类。

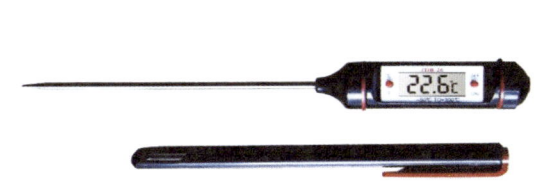

图2-3-6　电子温度计　　　图2-3-7　制冷剂R134a

⑦检漏指示剂，干燥的氦气或氮气、荧光剂等。

⑧工具，汽车空调系统维修专用工具、加压设备。

2）人员条件。汽车空调制冷剂的回收、净化和加注作业应由经过相关专业培训，并持有上岗证书的维修人员进行操作。

3）环境条件。汽车空调制冷剂的回收、净化和加注作业应符合以下条件：

①作业场地应通风良好。

②作业场地禁止明火。

③作业时,维修人员应配备必要的安全防护设施,如防护手套和防护眼镜等,避免接触或吸入制冷剂和冷冻机油的蒸气及气雾。

(3)工艺过程及工艺流程

1)制冷剂回收作业。制冷剂回收作业执行5个工艺过程的操作:

①回收作业准备。

②制冷剂回收原则判定。

③制冷剂检测。

④制冷剂回收操作。

⑤完成回收作业。

2)制冷剂净化作业。制冷剂净化作业执行4个工艺过程的操作:

①净化作业准备。

②纯度指标检测。

③制冷剂净化操作。

④完成净化作业。

3)制冷剂加注作业。制冷剂加注作业执行8个工艺过程的操作:

①加注作业准备。

②检漏。

③视情清洗。

④抽真空。

⑤补充冷冻机油。

⑥加注制冷剂。

⑦检验。

⑧完成加注作业。

二 基本技能

1. 空调滤清器检查及更换

(1)更换空调滤清器前的准备工作

1)将车辆停放在工位,按车辆防护要求操作。

2)检查空调鼓风机的风量,并判断是否有异味。

空调滤清器拆装

(2)拆卸储物盒

拆卸储物盒如图2-3-8所示。

1)向上扳动把手,打开储物盒。

2)双手向上用力,拉起储物盒直至卡扣脱落,向下移动储物盒至定位销出口处,取出储物盒。

(3)拆卸空调滤清器滤芯

安装位置如图2-3-9所示。

1)拿开储物盒后,可见空调滤清器在车辆上的安装位置。

2）按压两侧锁扣，向外拔出空调滤清器滤芯。

> **注意** 小心空调滤清器滤芯上的灰尘和污物掉落在车内和风道内。

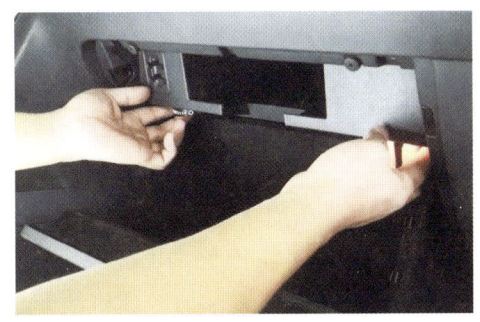
图 2-3-8　拆卸储物盒

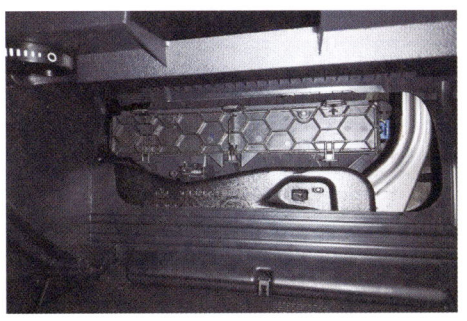
图 2-3-9　空调滤清器的安装位置

（4）清洁空调滤清器筐

如图 2-3-10 所示，在安装新的空调滤清器滤芯前，清洁空调滤清器筐。

图 2-3-10　清洁空调滤清器筐

（5）安装新的空调滤清器滤芯

如图 2-3-11、图 2-3-12 所示，安装空调滤清器滤芯。

> **注意** 安装时注意安装的方向及安装卡扣，滤清器壳体不能弯折。

图 2-3-11　安装空调滤清器滤芯

图 2-3-12　安装空调滤清器卡扣

（6）更换空调滤清器后检查

1）再次检查鼓风机风量，并判断是否有异味。如果风量低，或存在异味，建议进行空调蒸发器及管路清洗消毒，必要时检查送风系统。

2）按 5S 管理规范要求操作。

2. 空调制冷剂检查及加注

> ▶ **提示** 在进行制冷剂相关操作时,需按照安全技术规范做好安全防护工作,即穿戴好防护用品,如护目镜和手套等。

(1) 制冷剂压力检查

制冷剂在空调循环系统中,根据其所在的不同位置,压力也有所不同。在维修中,常用制冷剂压力作为一个诊断参数来判定系统的工作情况。

对空调制冷剂压力进行检查时,一般采用歧管压力表组和加注设备。

1) 使用歧管压力表组检查。歧管压力表组是汽车空调系统维修中必不可少的设备,它与制冷系统相接,可以进行制冷剂排空、抽真空、加注制冷剂、添加冷冻机油及诊断制冷系统故障等。

①歧管压力表组的组成。歧管压力表组由高压表、低压表、高压手动阀(HI)、低压手动阀(LO)、阀体及三个软管接头组成。歧管压力表组配有不同颜色的三根连接软管,一般规定蓝色软管用于低压侧(接低压工作阀),红色软管用在高压侧(接高压工作阀),黄色(也有绿色)软管用在中间,接真空泵或制冷剂罐。

如图2-3-13所示,一般使用的压力表为弹簧管式压力表。低压表用于显示压力,也用于显示真空度。

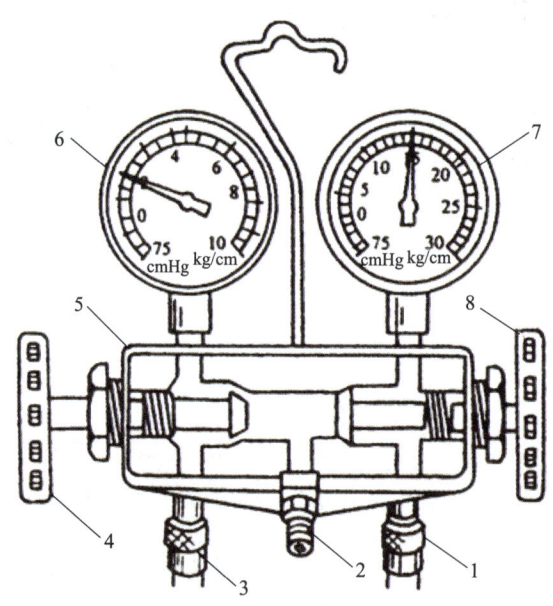

图2-3-13 歧管压力表组结构示意图

1—高压工作阀接口 2—加注、抽真空接口 3—低压工作阀接口 4—低压手动阀
5—阀体 6—低压表 7—高压表 8—高压手动阀

②使用注意事项。

a. 压力接头与软管连接时,只能用手拧紧,不可使用工具。

b. 使用时要尽量排尽管内空气。

c. 不使用时,应用堵头将各接口密封,防止管内进入水分或杂物。

d. 该表属于精密仪表,平时应注意保持清洁,使用时应注意轻拿轻放。

③工作过程。

a. 高压手动阀 (HI) 和低压手动阀 (LO) 同时关闭，可对高、低压侧压力进行检测。

b. 高压手动阀和低压手动阀同时打开，全部管道连通。此时接上真空泵则可对系统进行抽真空。

c. 高压手动阀关闭，而低压手动阀打开，则可由低压侧充注气态制冷剂。

d. 高压手动阀打开，而低压手动阀关闭，则可由高压侧充注液态制冷剂，也可排出制冷剂，使系统放空。

④压力测试步骤。

a. 操作人员做好防护准备，戴好手套和护目镜。读取并记录环境温度。

b. 打开车窗，使室内通风，车辆置于阴凉处。

c. 关闭点火开关，拉开发动机舱盖。

d. 检查压力表组，检查各连接接头是否有松动。关闭高压和低压手动阀，并检查蓝色和红色连接接头（与维修口连接）是否逆时针旋转至尽头，检查绿色管路上的排气阀是否关闭，应处于关闭位置。

e. 利用压力表组的挂钩将其挂在发动机舱盖上，取下空调管路中的高压和低压维修口盖，连接压力表组。

> **注意** R134a 系统采用快速接头。将蓝色连接接头连接在低压端（空调管路较粗），将红色连接接头连接在高压端（空调管路较细）。

f. 顺时针旋动接头上的旋钮，使其中的顶针向下深入，以顶开空调维修口中的单向阀。

g. 读取并记录高低压表中的数据，此时为静态压力，高低压端压力应相等。

h. 起动发动机，打开空调运行 1~2min，读取并记录高低压表中的数据，此时为空调制冷系统工作压力。

测试条件为：空调鼓风机开到最大、所有风口打开、温度调至最低，开外循环，发动机转速维持在 1500~2000r/min。

i. 关闭空调，关闭点火开关，将连接头逆时针旋转至尽头，取下压力表组。

j. 在盖上维修口盖前，应使用电子检漏仪对维修口进行检漏，确保单向阀正确落座，密封良好。

⑤出风温度测试。在进行压力测试时，可将温度计探头放置在空调出风口内 50mm 处，记录出风温度数据。

2）使用加注设备检查。制冷剂回收加注机（图 2-3-14）也可以进行压力测量。在进行压力测量前，应先关闭高低压阀门，不启动设备。其余操作步骤与使用空调压力表组测量的方法一致。

（2）制冷剂的补充作业

当发现制冷剂不足时，可对车辆进行制冷剂补充作业。补充的前提是应确保制冷系统无泄漏，若有泄漏，补充的制冷剂随着空调的运行也会再次泄漏，既不能达到维修的目的，也会污染环境。

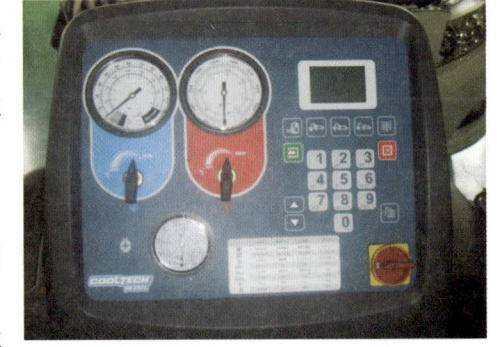

图 2-3-14　制冷剂回收加注机

在对空调系统进行补充作业时，通常应配合压力表的读数，进行制冷剂的补充。当压力表的读数在规定范围内时,停止补充制冷剂。在进行制冷剂补充作业时,应注意以下事项。

1)如果制冷剂不足,有可能引起压缩机润滑不足,造成压缩机损坏,应注意避免这种情况发生。

2)空调系统在运转时,如果开启高压阀,将引起制冷剂倒流入制冷剂容器,使制冷剂容器破裂,因此只允许开启低压阀。

3)如果将制冷剂容器倒置,制冷剂将以液态进入空调管路,造成压缩机液击,损坏压缩机,所以制冷剂必须以气态从低压端充入。

4)制冷剂不要充入过量,否则将造成制冷不良、发动机经济性变差、发动机过热等故障。

5)制冷剂罐不得放置于温度超过40℃的水中加热,更不得使用明火加热。

6)连接制冷系统管路时,应使用冷冻机油浸润密封圈,并使用呆扳手按规定力矩拧紧。过紧和过松都会导致泄漏。

(3)制冷剂加注作业

1)检漏。

①检漏操作步骤。

a. 真空检漏(图2-3-15)。启动回收/净化/加注设备的真空泵,抽真空至系统真空度低于90kPa。关闭歧管表阀门,停止抽真空,并保持真空度至少15min,检查压力表示值变化:

如压力未回升,继续按要求进行微小泄漏量的检查。

如压力回升,则继续抽真空,如累计抽真空时间超过30min,压力仍回升,则可以判定制冷装置有泄漏,应检修制冷装置,并重复进行真空检漏的操作。

b. 微小泄漏量检漏。选择以下适宜的方法进行微小泄漏量的检漏:

电子检漏(图2-3-16):制冷装置中充入0.5~1.5MPa的氮气或0.35~0.5MPa的制冷剂(以检漏设备要求的介质压力为准),采用相应的制冷剂检漏设备进行检漏,应反复检查两三次。

加压检漏:用加压设备在制冷装置中充入1.5MPa的氮气,保持压力1h,如压力表示值下降,则制冷装置存在泄漏,应在各接头处和可疑位置涂抹肥皂水进行进一步检查。

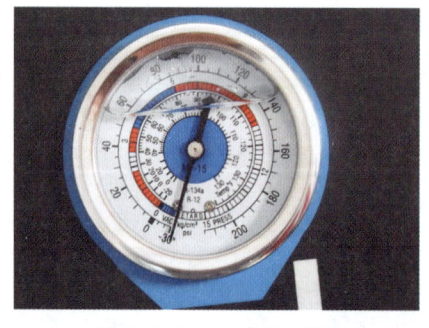
图2-3-15 实车真空检漏

图2-3-16 实车电子检漏

荧光检漏:制冷装置中充入含有荧光剂的制冷剂,运行10~15min后,用紫外线灯照射各接头处和可疑位置,如有黄绿色或蓝色荧光,证明该处存在泄漏。

c.补漏。通过检漏操作确定泄漏点后,应进行补漏,并按要求重复进行微小泄漏量检漏,直到确认制冷装置无泄漏。

②操作要点。

检漏前,应清洗检测部位的污物和结霜,防止阻塞制冷剂检漏设备探头。

检漏时,应重点检查以下部位:

a.制冷装置的主要连接部位,如管接头及喇叭口、连接件、三通阀、压缩机轴封、软管表面、维修阀及充注口等。

b.拆装或维修过的部件的连接部位。

c.压缩机的轴封、密封件和维修阀。

d.冷凝器和蒸发器被划伤的部位。

e.软管易摩擦的部位。

f.有油迹处。

使用制冷剂检漏设备进行检漏时,其探头不应直接接触元器件或接头,并置于检测部位的下部。还应定期检查检漏设备的灵敏性,不宜使用卤素检漏设备进行检漏。

③视情清洗。

a.清洗条件。当系统内含有一种制冷剂,但与车辆要求的类型不一致或车辆中加注了两种类型制冷剂的,在加注制冷剂前,应对制冷装置内部进行清洗。

b.清洗操作。采用回收/净化/加注设备或其他适宜的设备进行制冷装置内部清洗。

c.操作要点。应使用清洁、环保的清洗剂。不应使用CFC-12、HFC-134a等制冷剂对制冷装置进行开放性清洗。

④抽真空。

a.抽真空操作。抽真空前,检查压力表示值,制冷装置中的压力应低于70kPa,如超过该压力,应重新进行回收操作,直到压力达到要求。

抽真空至系统真空度低于90kPa。

在达到要求的真空度时,应继续抽真空操作,持续时间应不少于15min,以充分排除制冷装置中的水分。大型车辆及空调管路较长的车辆,抽真空时间可适当延长。

b.操作要点。当回收/净化/加注设备工作在全自动模式时,应根据湿度等具体情况和需要,预设抽真空的持续时间并符合相应的要求。

⑤补充冷冻机油。

a.补油操作(图2-3-17)。在加注制冷剂前,应补充冷冻机油,建议的补充量为:制冷剂净化时的排出量+20mL。采用回收/净化/加注设备进行冷冻机油的补充,具体操作参见设备使用手册。

b.操作要点。冷冻机油的种类应符合制冷装置的规定,不得采用矿物基机油。

在补充时,不应过量补充冷冻机油。补充冷冻机油时,制冷装置应处于真空状态。当制冷装置中存有高压时,不应打开注油阀。

⑥加注制冷剂。

a.加注操作(图2-3-18)。查阅《车辆使用手册》,确认制冷装置中制冷剂的类型及加注量。检查制冷剂储罐中的制冷剂质量,不足3kg时,应予以补充。

 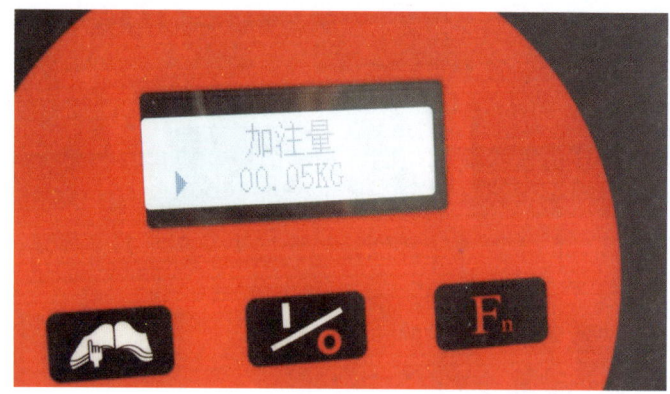

图 2-3-17　补充冷冻机油　　　　图 2-3-18　加注制冷剂

> 提示　按设备使用手册进行管路连接及操作。

b. 操作要点。加注时，应确保储罐中的制冷剂不少于 3kg，以保持足够的充注压力。

应按制冷装置要求的加注量定量加注。制冷剂的加注是在制冷剂储罐与制冷装置间的压差下进行的。高压端加注时，应关闭发动机（压缩机停止运转），防止制冷剂储罐压力过高；不建议采用低压端加注，以避免产生"液击"现象，损坏压缩机。当压差不够不能加注时，采用低压端加注时制冷剂储罐不得倒置，只能加注气态制冷剂。

完成制冷剂加注，断开设备与制冷装置的连接后，用检漏设备检测加注阀处有无泄漏。

项目三
车轮与轮胎检查、调整及更换

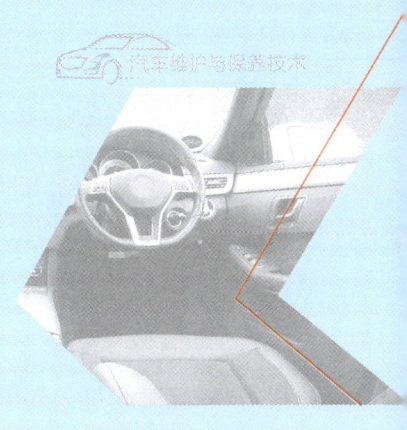

本项目主要学习汽车车轮与轮胎维护的项目及操作规范,有2个工作任务:任务一 车轮与轮胎检查、换位及更换;任务二 车轮动平衡、车轮定位检查及调整。通过2个工作任务的学习,你能掌握汽车车轮与轮胎维护的流程和技巧。

任务一 车轮与轮胎检查、换位及更换

▶ 情境导入

情境描述

一辆一汽大众迈腾 B8,你的主管要求你进行车轮与轮胎状态检查,必要时做车轮换位或更换。你能完成吗?

情境提示

轮胎是橡胶制品,除了正常磨损外还会老化,需要定期检查维护,例如车轮按时换位可以使轮胎磨损更均匀,延长轮胎使用寿命。

▶ 学习目标

知识目标

1. 能描述汽车轮胎的作用、结构组成和参数。
2. 能描述更换轮胎的重要性和注意事项。

技能目标

1. 能进行车轮与轮胎检查、换位及更换。
2. 能使用轮胎拆装机进行轮胎更换。

一 基本知识

1. 汽车轮胎的作用、结构组成和参数

(1)轮胎的作用

汽车车轮的轮胎用于支撑车辆重量,提供牵引作用力,吸收路面的冲击,帮助改变行

驶方向，保持车辆操控性能及行驶舒适性能。轮胎是车辆与路面之间的接触点，车辆的行驶舒适性直接与轮胎有关。轮胎通过提供可靠的牵引方式和支撑车辆的重量来帮助进行行驶和制动，也能帮助吸收车辆行驶中产生的振动和撞击。轮胎变形或异常磨损会造成车辆乘坐舒适性差、不良的转向控制、加速轮胎异常磨损等问题。

（2）轮胎的结构组成

轮胎由胎面和侧壁两个主要部分组成，胎面包括沟槽、花纹块、肋条等。

1）轮胎沟槽。如图3-1-1所示，轮胎沟槽是指在胎面花纹块中的一些小的切槽。沟槽可以产生更多的摩擦表面，允许胎面花纹块移动，增加柔韧性，产生尖锐的边缘来增加牵引力，这在冰面、薄雪路面和松散的泥土路面上是特别有帮助的。

2）胎面花纹块。如图3-1-2所示，胎面花纹块是构成胎面的主要部分，提供牵引力。

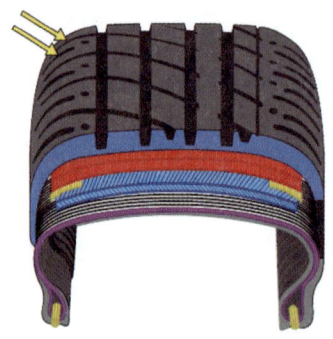

图3-1-1　轮胎沟槽　　　　图3-1-2　胎面花纹块

3）胎面肋条。如图3-1-3所示，胎面肋条为条状块，与路面形成连续的接触条带。

4）胎肩。如图3-1-4所示，在车轮转向时，胎肩与路面形成连续的接触面。

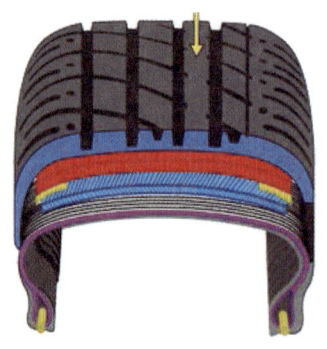 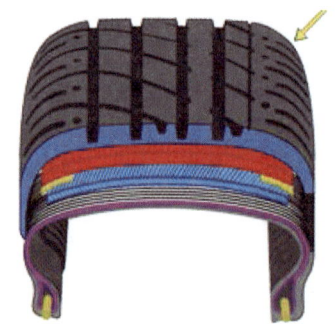

图3-1-3　胎面肋条　　　　图3-1-4　胎肩

5）开槽。如图3-1-5所示，胎面的开槽用于加强轮胎排水能力。

6）内衬。如图3-1-6所示，内衬是轮胎内的一层橡胶，用于防止空气的渗漏，其重量占到轮胎总重量的10%。

7）胎圈。如图3-1-7所示，胎圈是轮胎的内边缘，使轮胎与车轮的轮辋接触，产生气密性，周围有一个钢丝圈，用于限制轮胎的膨胀，以确保气密性。

8）侧壁。如图3-1-8所示，侧壁是指胎体的侧面，是用比胎面薄的材料制成的，比胎面更软。比较高的侧壁强度能够提供比较大的携载能力以及增加抗磨损性和抗撕裂性。侧壁的外侧面上标明了各种轮胎参数。

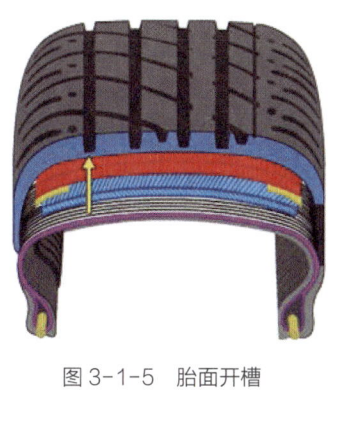

图 3-1-5 胎面开槽

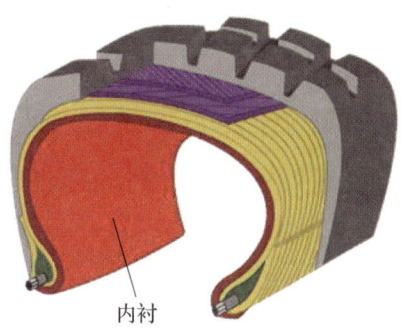

图 3-1-6 内衬

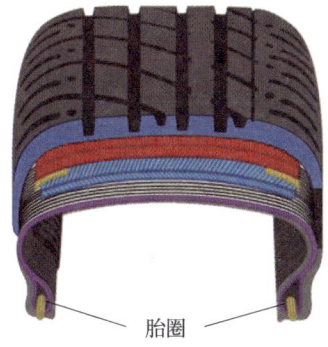

图 3-1-7 胎圈

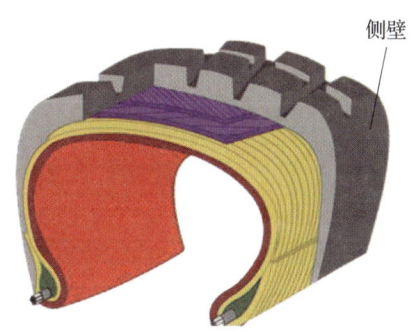

图 3-1-8 侧壁

（3）轮胎的参数

如图 3-1-9 所示，在轮胎的侧壁上标明了轮胎的所有信息参数。

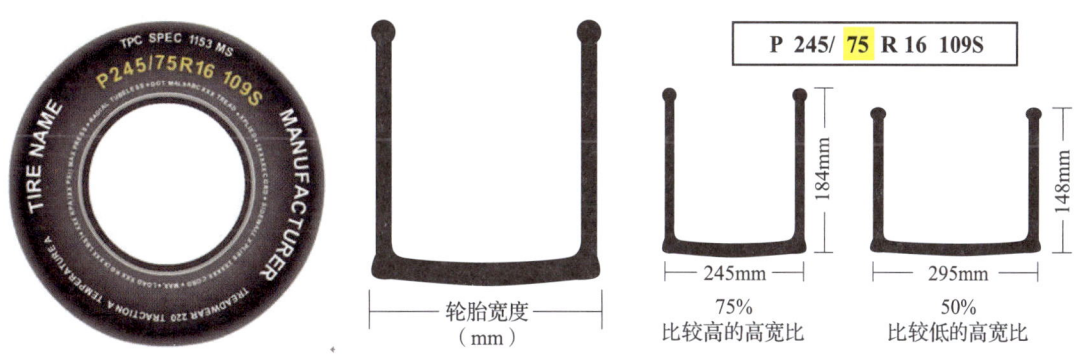

图 3-1-9 轮胎参数

P：轮胎类型。P 表示乘用；T 表示临时备用胎。

245：轮胎宽度，即轮胎宽度为 245mm。

75：轮胎高宽比，即轮胎高宽比为 75%。比较高的高宽比有比较高的侧壁、更好的柔韧性，增加了乘坐的舒适性；比较低的高宽比有比较短的侧壁、更大的接触面积，增加了行驶性能。

R：英文 Radial 的缩写，指子午线轮胎。

16：轮辋直径，从轮辋唇口到对边的轮辋唇口进行测量，单位为英寸，即 16in。

109：载荷指数，能够支撑的最大载荷量。

S：轮胎的速度等级（即轮胎能承受的最高速度，字母越靠后级别越高），S 表示 180km/h，H 表示 210km/h。

2. 更换轮胎的重要性和注意事项

（1）轮胎更换的重要性

轮胎磨损过度是影响行车安全的重要因素。过度磨损的轮胎，除容易爆胎外，还会使车辆操纵稳定性变坏。轮胎花纹越浅，水滑的倾向越严重。车辆在雨中高速行驶时，由于不能把水全部从轮胎下排出，轮胎将会出现水滑现象，致使车辆失控。因此，对于磨损严重或其他严重损坏的轮胎，必须进行更换，以保证行车安全。

（2）轮胎拆装的注意事项

轮胎拆装必须采用轮胎拆装机操作。如图 3-1-10 所示，轮胎拆装机俗称扒胎机，是用于轮胎拆装的专用设备。早期有些设备是手动的，但目前采用的多数是气动的。轮胎拆装机使用的特点就是在安装或者拆卸轮胎时，把车轮轮辋上的胎圈座夹具分离，并把轮胎圈座从轮辋边缘松开。轮胎拆装机操作具有一定的危险性，使用前必须确认技师经过正确的操作培训。

图 3-1-10　轮胎拆装机

轮胎拆装的注意事项如下：

1）拆装轮胎要在清洁、干燥、无油污的地面上进行。

2）拆装轮胎要采用设备配套的专用工具，不允许用铁锤敲击或其他尖锐的工具操作。

3）外胎、内胎、垫带、轮辋必须符合规格要求，才能组装。要特别注意子午线轮胎胎圈部分的完好。

4）内胎装入外胎前，须紧固气门嘴，以防漏气，并在外胎内部和垫带上涂上滑石粉。

5）气门嘴的位置应装在轮辋气门嘴孔中。胎侧有平衡标记的，标记应在与气门嘴相对的位置上，以便于平衡。轮辋上有平衡块的，应用动平衡机进行平衡调整。

6）安装有向花纹的轮胎，应注意滚动方向的标记。拆装子午线轮胎应做记号，使安装后的子午线轮胎滚动方向保持不变。

> **提示**　目前绝大部分乘用车型采用无内胎的子午线轮胎，请参照轮胎拆装机设备说明书操作。

二 基本技能

> **注意**　请按举升机使用规范及车辆防护标准操作。

1. 车轮与轮胎检查及换位

（1）拆卸车轮并正确摆放

1）将车辆停放在举升机位。

轮胎检测

2）如图 3-1-11 所示，采用车轮螺栓套筒以逆时针的方向旋松车轮螺栓。
3）如图 3-1-12 所示，举升车辆至车轮刚离开地面 10cm。

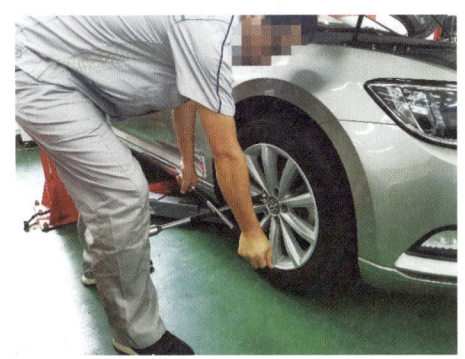
图 3-1-11　手动拧松车轮螺栓

图 3-1-12　举升车辆至车轮刚离开地面 10cm

4）拆下车轮。
①如图 3-1-13 所示，用气动扳手拆卸车轮螺栓，保留最后一个螺栓。
②左手稳住车轮，右手用套筒扳手旋松最后一颗螺栓直至脱落，双手抱着车轮拆下。

➤ **注意**　车轮较重，拆下时，注意双臂抱紧用力水平移动车轮。

5）车轮摆放。
1）如图 3-1-14 所示，使用标记在车轮架上分别注明车轮摆放顺序。
2）使用同样方法拆卸其余 3 个车轮，并放在车轮架上对应的位置。

图 3-1-13　拆卸车轮螺栓

图 3-1-14　车轮摆放

➤ **注意**　一定要按顺序将拆下的车轮放在车轮架上对应的位置，以免混淆。

（2）车轮与轮胎检查

1）检查轮胎表面。如图 3-1-15 所示，旋转车轮一周观察有无磨损、裂纹、异物嵌入损坏等。
2）检查沟槽深度。
①清洁深度规，并校零深度规。
②清洁需测量沟槽的表面。
③如图 3-1-16 所示，测量沟槽深度（标准值 7mm，磨损极限 1.6mm）。
④每 120°测量一次，共三次，每次 3 个点。

图 3-1-15　检查轮胎表面

⑤检查磨损标记（图 3-1-17）。

图 3-1-16　检查沟槽深度　　　　　　　图 3-1-17　检查轮胎磨损标记

> **注意**　轮胎的磨损超过磨损标记，或测量数据达到磨损极限，应更换。

3）检查轮胎胎压。如图 3-1-18 所示，取下防尘帽，使用胎压表测量轮胎胎压。轮胎胎压规格可参照车辆的标牌（图 3-1-19）。

> **警告**　胎压过低或过高会造成轮胎异常磨损。

图 3-1-18　检查轮胎胎压　　　　　　　图 3-1-19　轮胎胎压规格

4）检查气密性，如图 3-1-20 所示。
①将肥皂水涂抹到气门嘴和周围，检查是否有泄漏。
②如果泄漏，应更换气门嘴或修补轮胎，如果正常则安装防尘帽。

5）检查轮辋，如图 3-1-21 所示。
①检查轮辋有无损坏及变形等，如有异常应更换。
②清洁轮辋上的泥土、污物等。

6）备胎检查。如图 3-1-22 所示，按照同样的步骤检查备胎。

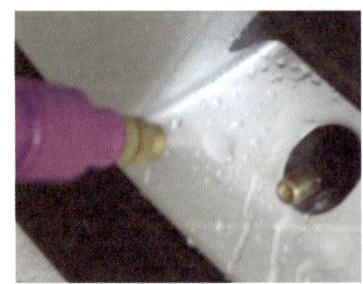

图 3-1-20　检查气密性　　　图 3-1-21　检查轮辋　　　图 3-1-22　备胎检查

> **注意** 备胎胎压高于其他轮胎 0.5bar（1bar=10^5Pa）。

（3）车轮换位

按照图 3-1-23 所示的方法对车轮进行换位。

> **注意**

1）对过度或者磨损不均匀的轮胎进行换位，并不能消除造成这种状态的故障；只是把轮胎的磨损摊均匀了。

2）当前、后或者单方向车轮的直径或者是偏置距不同时，不要进行前后换位，单方向的车轮只有在车轮的直径和偏置距互相匹配时，才能前后换位。

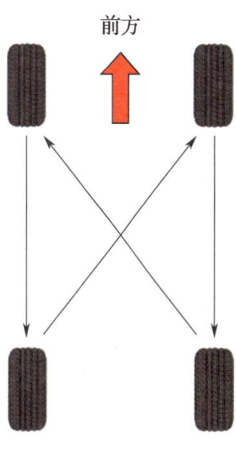

图 3-1-23　车轮换位图

（4）安装车轮

1）如图 3-1-24 所示，双手抱起车轮，卡到安装位置后左手在下端稳定车轮，右手旋上车轮螺栓。

2）使用车轮螺栓套筒扳手，以对角顺序分几次拧紧螺栓。

3）紧固轮胎螺栓。

①降下车辆至车轮接触地面。

②如图 3-1-25 所示，使用套筒和可调式扭力扳手，以对角顺序按规定力矩旋紧轮胎螺栓，拧紧力矩 103N·m。

> **注意**

1）车轮螺栓的紧固顺序，是以对角的方向紧固。

2）所有螺栓拧紧力矩都必须达到规定拧紧力矩。

图 3-1-24　安装车轮

图 3-1-25　紧固轮胎

4）按照同样的方法，安装和紧固其他三个车轮。

> **注意** 为了避免遗忘，只能由一个人紧固所有车轮。

5）降下车辆，并按 5S 管理规范要求操作。

2. 轮胎的更换

> **提示** 开始拆卸轮胎前，首先确定你是否还要把该轮胎安装在相同的车轮上。如果是，请使用记号笔在车轮和轮胎上做一个标记线。该标记线可以给你提供参考，便于你把

该轮胎安装在同一车轮的相同位置上。有时,改变轮胎在车轮上的安装位置,可能产生振动或者拖曳,这是因为车轮、轮胎偏心率以及平衡的变化引起的。

(1)轮胎拆卸

1)轮胎检查。如图 3-1-26 所示,在更换轮胎之前首先要对轮胎进行检查,检查轮胎表面有无异常磨损,根据磨损情况查找原因,排除故障后再进行轮胎的更换。

2)轮胎放气。如图 3-1-27 所示,用手旋下轮胎气门嘴的防尘罩,用气门芯扳手旋下气门芯,放掉轮胎内的压缩空气。

图 3-1-26 轮胎检查

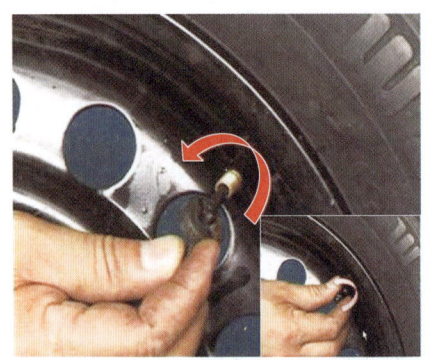
图 3-1-27 轮胎放气

3)拆掉平衡块。如图 3-1-28 所示,当轮胎内的空气排放完成后,使用平衡块卡钳取下安装于轮辋边沿的平衡块。

4)轮胎拆装机准备。接通轮胎拆装机电源,打开压缩空气阀门。

5)正确放置车轮。如图 3-1-29 所示,将车轮的一侧贴于轮胎拆装机的靠胎胶皮上。

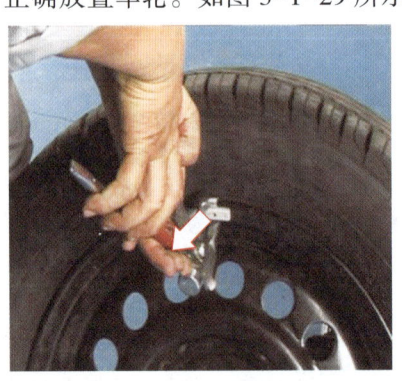
图 3-1-28 拆掉平衡块

图 3-1-29 正确放置车轮

6)调整风压铲与车轮位置。如图 3-1-30 所示,调整车轮位置,使风压铲置于轮胎胎圈和轮辋边缘之间。

7)铲压轮胎。如图 3-1-31 所示,铲压轮胎方法如下:一手扶住手柄,使风压铲的位置保持不变,一手扶住车轮,用脚踩住风压铲踏板,风压铲收缩,压下胎圈,使胎圈和轮辋分离。

8)松开风压铲。如图 3-1-32 所示,松开风压铲踏板,使风压铲放开。

9)使轮胎胎圈和轮辋完全分离。如图 3-1-33 所示,转动车轮,调整轮胎的铲压位置,使轮胎一侧胎圈和轮辋完全分离。

项目三 车轮与轮胎检查、调整及更换 087

图 3-1-30 调整风压铲与车轮位置

图 3-1-31 铲压轮胎

图 3-1-32 松开风压铲

图 3-1-33 使胎圈和轮辋完全分离

▶ **注意**

1）如图 3-1-34 所示，在气门嘴一侧，风压铲铲压胎圈的位置一般均分为 3 个位置，压点位置应偏离气门嘴。

2）由于有些车辆在轮辋内侧的气门嘴附近安装了轮胎压力传感器，为避免用轮胎拆装机风压铲铲压胎圈时压坏胎压传感器，所以在操作时禁止铲压气门嘴附近的胎圈。

10）调整车轮。如图 3-1-35 所示，将车轮反一面，调整车轮位置，使风压铲置于轮胎胎圈和轮辋边缘之间。

图 3-1-34 气门嘴位置

图 3-1-35 调整车轮位置

11）使轮胎胎圈和轮辋完全分离。如图 3-1-36 所示，转动车轮，调整轮胎的铲压位置，使轮胎另一侧胎圈和轮辋完全分离。

12）固定车轮。如图 3-1-37 所示，将车轮放到转盘上，双手扶住车轮，用脚踩一下夹钳踏板将轮辋固定。

图 3-1-36　使胎圈和轮辋完全分离

图 3-1-37　固定车轮

13）涂抹轮胎装配润滑液。如图 3-1-38 所示，在轮胎上侧胎圈上涂抹适量的轮胎装配润滑液，这样可减轻鸟嘴头与轮胎胎圈的摩擦，避免损伤轮胎。

14）调整导向杆鸟嘴。如图 3-1-39 所示，调整导向杆鸟嘴。用拆胎导向杆压住轮辋的边缘，导向杆鸟嘴凹槽和轮辋边缘贴合，顺时针旋转锁紧导向杆。

图 3-1-38　涂抹轮胎装配润滑液

图 3-1-39　调整导向杆鸟嘴

15）插入轮胎撬杆。如图 3-1-40 所示，用轮胎撬杆带钩的一头，插入轮胎与轮辋之间。

16）将轮胎上圈撬入导向杆。如图 3-1-41 所示，将轮胎上圈撬入导向杆鸟嘴头上，用力压住撬杆。

图 3-1-40　插入轮胎撬杆

图 3-1-41　将轮胎上圈撬入导向杆

17）将轮胎的上端面和轮辋分离。如图 3-1-42 所示，用脚踩旋转踏板，使车轮顺时针旋转一圈，两手配合，将轮胎的上端面和轮辋分离。

18）插入轮胎撬杆。如图 3-1-43 所示，用撬杆沿着轮胎下端面插入轮辋和轮胎之间。

图 3-1-42　将轮胎的上端面和轮辋分离

图 3-1-43　插入轮胎撬杆

19）将轮胎下圈撬入导向杆。如图 3-1-44 所示，将轮胎一面抬高，用撬杆将轮胎下圈撬入导向杆鸟嘴头上，用力压住撬杆。

20）将轮胎的下端面和轮辋分离取下轮胎。如图 3-1-45 所示，用脚踩旋转踏板，使车轮逆时针旋转一圈，两手配合将轮胎的下端面和轮辋分离，移开导向杆，取下轮胎。

图 3-1-44　将轮胎下圈撬入导向杆

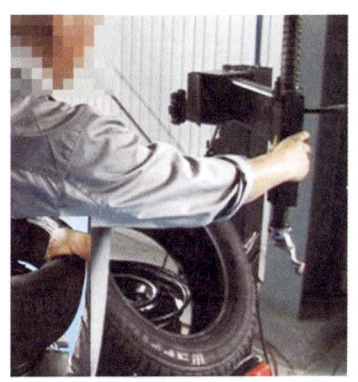

图 3-1-45　取下轮胎

21）取下轮辋。如图 3-1-46 所示，用脚踩一下夹钳踏板，使夹钳松开，取下轮辋，轮胎拆卸完毕。

（2）轮胎安装

▶ **提示**　轮胎安装前，检查车轮和轮胎是否损坏或者变形。确保需要维修的轮胎和车轮得到维修，安装新的气门嘴。以上内容完成后，就可以开始轮胎安装程序。

1）安装轮辋。如图 3-1-47 所示，将轮辋放到轮胎拆装机转盘上，双手扶住轮辋，用脚踩一下夹钳踏板，将轮辋固定。

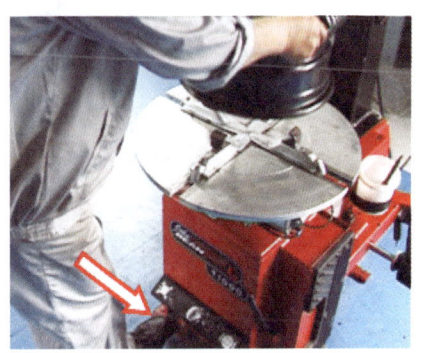

图 3-1-46　取下轮辋

2）涂抹轮胎装配润滑液。如图 3-1-48 所示，在轮胎胎圈一侧涂抹轮胎装配润滑液。

3）将轮胎放在轮辋上。如图 3-1-49 所示，将涂抹轮胎装配润滑液的一侧向下放在轮辋上。

4）用拆胎导向杆压住轮辋的边缘。如图 3-1-50 所示，用拆胎导向杆压住轮辋的边缘。

图 3-1-47　安装轮辋　　　　　　图 3-1-48　涂抹轮胎装配润滑液

图 3-1-49　将轮胎放在轮辋上　　　图 3-1-50　用拆胎导向杆压住轮辋的边缘

5）将轮辋下边缘放于鸭尾上。如图 3-1-51 所示，将导向杆鸟嘴头部前方的轮胎下边缘压入轮辋，同时将轮辋下边缘放于鸭尾上。

6）按压轮胎。如图 3-1-52 所示，两手将轮胎向下压。

图 3-1-51　将轮辋下边缘放于鸭尾上　　　图 3-1-52　按压轮胎

7）将轮胎下圈导入轮辋。如图 3-1-53 所示，用脚踩旋转踏板，使车轮顺时针旋转一圈，将轮胎下圈导入轮辋内。

8）涂抹轮胎装配润滑液。如图 3-1-54 所示，在轮胎上侧胎圈上涂抹适量的轮胎装配润滑液。

9）将轮胎上边缘压入轮辋。如图 3-1-55 所示，使用撬杆将导向杆鸟嘴头部前方的轮胎上边缘压入轮辋。

10）将轮胎上圈导入轮辋内。如图 3-1-56 所示，用脚踩旋转踏板，使车轮顺时针旋转一圈，将轮胎上圈导入轮辋内。

图 3-1-53 将轮胎下圈导入轮辋

图 3-1-54 涂抹轮胎装配润滑液

图 3-1-55 将轮胎上边缘压入轮辋

图 3-1-56 将轮胎上圈导入轮辋内

11）移开导向杆。如图 3-1-57 所示，松开导向杆，并移开导向杆。

12）充气使轮胎胎圈和轮辋完全贴合。如图 3-1-58 所示，用胎压表充气，充到轮胎胎圈和轮辋完全贴合为止。

图 3-1-57 移开导向杆

图 3-1-58 充气使轮胎胎圈和轮辋完全贴合

13）将轮胎气压充注到标准值。如图 3-1-59 所示，用气门扳手旋上气门芯，然后用胎压表将轮胎气压充注到标准值（180kPa）。

14）检查气门嘴漏气。如图 3-1-60 所示，用肥皂水检查气门嘴是否漏气。如果气门嘴冒出气泡，表示气门嘴漏气，应拆下气门嘴检查。如无渗漏，旋上气门嘴防尘罩。

图 3-1-59 将轮胎气压充注到标准值

15）取下轮胎。如图 3-1-61 所示，用脚踩一下夹钳踏板，将轮辋在固定架上松开，取下车轮。

图 3-1-60　检查气门嘴漏气　　　　　　图 3-1-61　取下轮胎

16）关闭压缩空气和电源。
17）车轮动平衡。

▶ **提示**　操作规范参照"车轮动平衡"的内容。

18）按 5S 管理规范要求操作。

任务二　车轮动平衡、车轮定位检查及调整

情境导入

情境描述

一辆一汽大众迈腾 B8，高速行驶中转向盘抖动，需要做车轮动平衡和四轮定位。你能完成这个任务吗？

情境提示

车轮动不平衡或四轮定位数据错误，会造成行驶中转向跑偏、转向盘抖动等故障，需要进行车轮动平衡、四轮定位检查及调整。

学习目标

知识目标

1. 能描述车轮动平衡的目的和动平衡机的结构组成。
2. 能描述更换轮胎的重要性和注意事项。

技能目标

1. 能使用车轮动平衡机进行车轮动平衡检查及调整。
2. 能使用车轮定位仪进行定位检查及调整。

一 基本知识

1. 车轮动平衡的目的和动平衡机的结构组成

（1）车轮动平衡的目的

汽车车轮是由轮胎、轮毂组成的一个整体。但由于制造上的原因，使这个整体各部分的质量分布不可能非常均匀。当车轮高速旋转起来后，就会形成动不平衡状态，造成车辆在行驶中车轮及转向盘抖动，需要车轮在动态情况下通过增加配重的方法，使车轮校正各边缘部分的平衡，这个校正的过程就是车轮的动平衡。

车轮在车辆行驶时摆动、跳动或转向盘抖动时，或高速行驶时出现有节奏的沉闷异响（如"嘣嘣"声），必须检查车轮动平衡。在更换轮胎、更换轮毂、补胎后或是轮毂受到强烈撞击变形、颠簸行驶导致平衡块丢失后，都应当及时对车轮进行动平衡校正。涉及四轮定位操作时，为了保证获取的测量数据的准确性，需要提前对车轮进行动平衡校正，以免干扰四轮定位的结果。动平衡不正常的车轮也会导致轮胎异常磨损，产生凸峰和沟槽，造成驾驶性能不良。

（2）车轮动平衡机的结构组成

利用车轮动平衡机对车轮进行动平衡检测时，需将车轮从车上拆下。图 3-2-1 所示为常见的车轮动平衡机结构组成及参数。

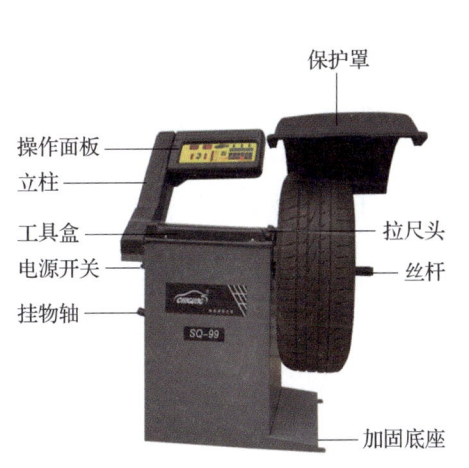
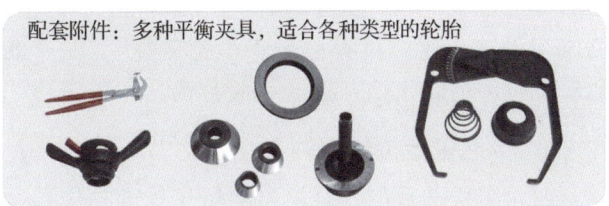

图 3-2-1　车轮动平衡机结构组成及参数

车轮动平衡机必须配套平衡块（图 3-2-2）使用。平衡块是安装在车轮上的配重部件，作用是使车轮在高速旋转下保持动平衡。动平衡检测时，在车轮质量偏小处增加适当的配重，使车轮在高速旋转下保持动平衡，这种配重就是车轮平衡块。平衡块一般由铁合金或铅合金制成，根据结构可以镶嵌或粘贴在车轮上。

（3）车轮动平衡机安全操作规程

车轮动平衡机操作具有一定的危险性，必须遵守安全操作规程。

1）车轮动平衡机在使用前必须先检查机体各部分的润滑情况，并通过动平衡机电控系统的自检程序。

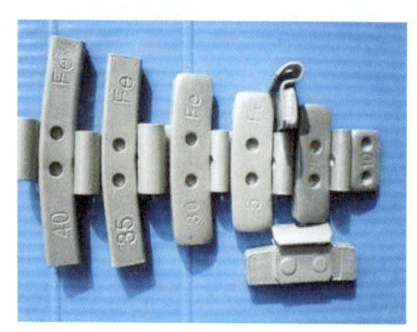 

图 3-2-2 动平衡机配套的平衡块

2）安装和拆卸车轮时应防止碰撞车轮动平衡机的机体。

3）车轮动平衡机开机前,必须检查底座及固定螺母是否锁紧,以防运转时轮胎脱出。

4）车轮进行动平衡前,应仔细清理轮胎花纹中嵌入的金属、非金属颗粒或异物,防止运转时飞出伤人。

5）有保护罩的平衡机必须正确使用保护罩。

6）车轮动平衡机在运转过程中,不得用手或其他物品接触旋转部位,在车轮旋转径向两侧均严禁站人。

7）车轮动平衡机在使用过程中,必须确认车轮完全停止旋转后才能打开防护罩或进行下一步操作。

8）在工作过程中,若发现异常的现象,必须立刻停机检查。

9）镶嵌车轮平衡块时,应确保镶嵌牢固,镶嵌过程中要注意用力方向和力度,避免过度冲击主轴,造成主轴弯曲变形。

10）每天工作结束时必须对机体及周边进行清洁,对转动部位注油润滑。

2. 车轮定位的目的和参数

为了使汽车稳定行驶、转向轻便,必须用悬架系统保证车身、车轮与地面之间保持一定的相互位置关系,为了确保这三者之间的相互位置关系,有必要经常对车辆进行定期的测试与调整,这一过程称为"车轮定位"。汽车的车轮定位一般需要检查 4 个车轮,分为前轮定位和后轮定位,因此一般称为"四轮定位"。

（1）四轮定位的目的

四轮定位的目的,是通过测量车轮的定位角度,诊断车辆的车轮定位故障并排除。

汽车行驶一段时间后,由于各种原因,会出现轮胎异常磨损、底盘零件磨损加快、转向盘发沉、车辆跑偏、油耗增加等现象,这些现象都是车辆性能下降的原因。要消除这些现象,确保车辆的性能稳定,最有效的方法就是检查并调整四轮定位,它不仅能确保汽车的正常行驶,还能延长轮胎的使用寿命,同时节省油耗。

一般新车出厂要求在行驶 3 个月或 5000km 后,就应做四轮定位。以后每行驶 10000km 或 6 个月后都应进行四轮定位检查。

如果车辆有下列情况出现时,也需要做四轮定位：

1）直线行驶时转向盘不正。

2）行驶中转向盘振动、发抖或太重。

3）转向时不能自动归位。

4)行驶中左右偏向、车身颠簸不稳定等。
5)轮胎呈单面、不规则、块状或羽毛状磨损。
6)碰撞事故维修后。
7)更换新的悬架或转向有关配件后。
8)驾驶性能不佳,怀疑存在与车轮定位相关的故障。

▶ **提示** 不是所有的车辆行驶故障都与车轮定位有关,例如,轮胎胎压不当、制动系统卡滞、道路不平或者液力转向系统失灵也可能引起车辆的跑偏现象。

(2)四轮定位的参数

前轮定位参数包括主销后倾角、主销内倾角、前轮外倾角和前轮前束四个,后轮定位包括车轮外倾角和后轮前束。

1)主销后倾角。如图3-2-3所示,主销后倾是指主销在前轴上安装,其上端略向后倾斜,于是主销轴线与通过前轮中心线的地面垂线之间在汽车纵向平面内形成一个夹角,称为主销后倾角。主销后倾角的主要作用是在汽车直线行驶时保持其稳定性,并能使汽车转向后前轮自动回正。

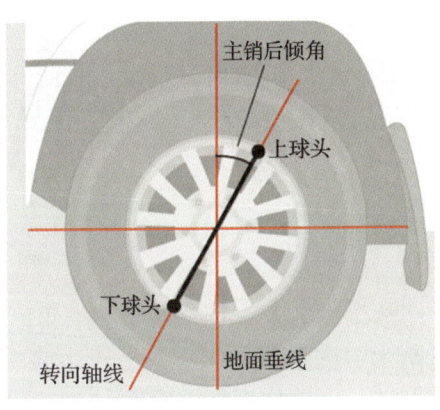

图3-2-3 主销后倾角

主销后倾角从车辆的侧面看,是转向轴线与地面垂线之间的夹角。当上摆动点向车辆的后方倾斜时,主销后倾角就是正值。当上摆动点向车辆的前方倾斜时,主销后倾角就是负值。而转向轴线垂直于路面就是零值主销后倾角。

2)主销内倾角。如图3-2-4所示,主销内倾是指主销在前轴上安装,其上端略向内倾斜,于是主销轴线与地面垂线之间在汽车横向平面内形成一个夹角,称为主销内倾角。该内倾角一般不超过8°,主要作用是使转向轮自动回正,转向操纵轻便。

3)车轮外倾角。如图3-2-5所示,车轮外倾是指车轮安装后,其上端向外倾斜,于是车轮的旋转平面与纵向垂直平面间形成一个夹角,称之为车轮外倾角。车轮外倾角实际上是从车辆的前方看时,车轮向内或者向外的倾斜角度,主要作用是使转向轻便,使车轮紧靠轮毂内轴承,以减少外轴承及轮毂螺母的负荷,有利于安全行驶。

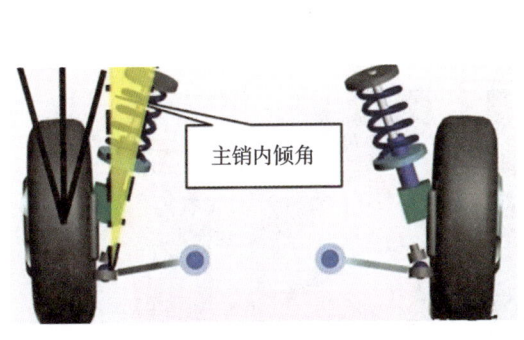

图3-2-4 主销内倾角

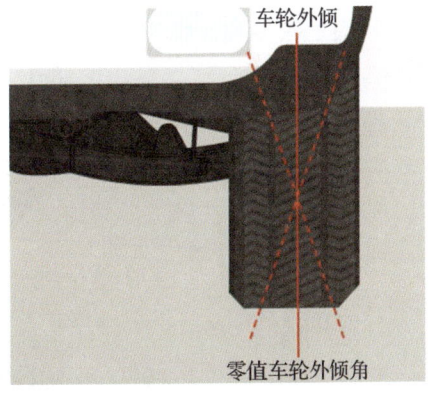

图3-2-5 车轮外倾角

车轮外倾角以度为测量单位,前轮的外倾角一般为1°左右。如果车轮向外倾斜,车轮外倾角是正值。车轮外倾角过大将导致轮胎胎面的外侧边缘过度磨损,也可能使轴承因不恰当的载荷分布而过早损坏。如果车轮是向内倾斜，车轮外倾角是负值。负值过大将导致轮胎胎面的内侧边缘过度磨损。

4）车轮前束。如图 3-2-6 所示，车轮前束是指车轮安装后，两车轮的前端距离小于后端距离，其差值即为车轮前束值。车轮前束作用是为了消除在行驶中因前轮外倾而引起的不利影响，使转向轮直线滚动而无横向滑拖现象。

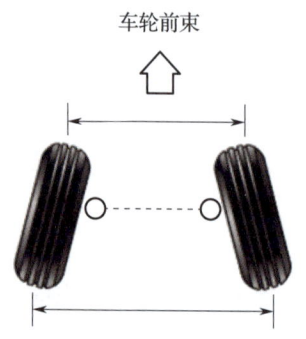 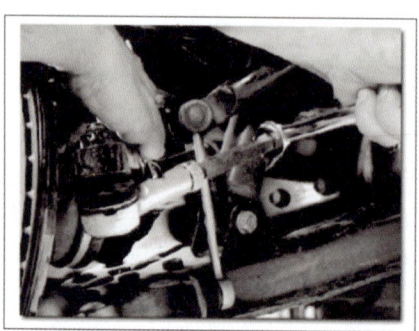

图 3-2-6　车轮前束及调整

从车辆上方查看，车轮前束角或后束角是车轮向内或向外偏转的角度，以度、英寸或者毫米为测量单位，正值是轮胎前端向内偏转（也被称为车轮前束），负值是轮胎前端向外偏转（也被称为车轮后束）。

车轮前束会影响车辆行驶方向，需要检查和调整，可以通过转向横拉杆来调整。一般前束值为 0～12mm。也有的汽车为与前轮负外倾角相配合，其前束也取负值，即负前束。在完成主销后倾角和车轮外倾角的调整后，需要对车轮前束进行调整。

二　基本技能

> **注意**　请按举升机使用规范及车辆防护标准操作。

1. 车轮动平衡检查及调整

（1）车轮基本检查及准备

1）确认车轮参数，包括轮辋直径、轮辋材质（铁制或铝合金）、轮胎宽度等。

2）如图 3-2-7 所示，检查轮辋有无损坏及变形，清洁轮辋上的泥土及其他异物。

3）如图 3-2-8 所示，取下车轮上的旧平衡块。

图 3-2-7　检查轮辋　　　　　图 3-2-8　取下旧平衡块

4)检查轮胎胎面磨损情况,并清洁嵌入的异物。
5)检查轮胎气压,确保胎压符合正常值。
6)检查车轮动平衡机的电源、润滑及排除安全隐患。

➤ **注意** 轮辋变形或有异物会严重影响车轮动平衡。

(2)车轮动平衡操作

1)如图3-2-9所示,将车轮装在动平衡机的主轴上,并将车轮紧固在主轴上。

图3-2-9 将车轮装在动平衡机主轴上

2)如图3-2-10所示,用测量尺测量出动平衡机离车轮轮辋的距离,并输入动平衡机。

➤ **注意** 车轮锁紧锥套选择要合适,并轻拿轻放,防止刮伤轮毂。

3)如图3-2-11所示,用测量卡钳测量轮辋宽度并输入动平衡机。
4)如图3-2-12所示,根据参数或用卡尺测量轮辋直径并输入动平衡机。

图3-2-10 测量动平衡机离轮辋距离　　图3-2-11 测量轮辋宽度　　图3-2-12 输入轮辋直径

5)盖下防护罩,按下起动按钮,轮胎开始转动,当动平衡机完全停止后,抬起防护罩,观察显示屏上的数值。

6)如图3-2-13所示,用手转动轮胎,当显示屏上左侧红灯全部亮时停止转动,在轮辋左侧(内侧)贴上显示屏相应数值的平衡块。

7)如图3-2-14所示,用手转动轮胎,当显示屏上右侧红灯全部亮时停止转动,在轮辋右侧(外侧)贴上显示屏相应数值的平衡块。

8)贴好平衡块后,放下防护罩,按下起动按钮,再次测量,当显示屏两边显示数值的误差在规定范围内时(误差值5g之内),车轮即达到动平衡要求。

9）按照以上步骤完成其他车轮动平衡。
10）关闭动平衡机电源，按 5S 管理规范要求操作。

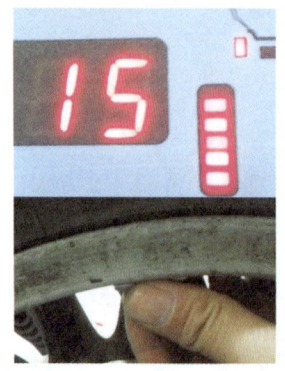 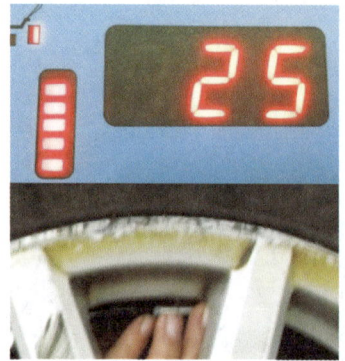

图 3-2-13　贴轮毂内侧平衡块　　图 3-2-14　贴轮毂外侧平衡块

> **注意**

1）车轮动平衡误差值一般在 5g 之内，可以根据实际要求设定误差值。
2）避免主轴或平衡机本体产生振动。
3）避免重物敲击平衡机的任何部件。

2. 车轮定位检查及调整

> **提示**　不同型号的定位仪操作步骤不同，应根据所用设备的说明书操作。

（1）仪器设备检查
1）检查四轮定位专用举升机工作状况是否良好。
2）检查四轮定位仪是否工作正常，要做的车型是否有数据支持。

（2）车辆就位
车辆就位，如图 3-2-15、图 3-2-16 所示。
1）车辆停在举升机带二次举升位置，并驻车制动。
2）目视检查车身前后、左右有无倾斜（是否水平）。
3）检查两前轮中心是否正对转角盘中心。
4）检查两后轮是否停在后滑板中间部位。
5）检查转角盘和滑板锁销，应在锁止状态。

图 3-2-15　车辆就位

（3）查找并记录数据
1）如图 3-2-17 所示，查找并记录以下数据：车辆 VIN、车辆型号、车辆生产年及日期、前后车轮的标准胎压、原厂要求的轮胎型号。

图 3-2-16　两前轮位置

> **注意**　以上数据一定要准确，否则将影响检测结果。

2）如图 3-2-18 所示，在定位仪的软件系统中建立用户和车辆档案，在软件规定位置输入车辆信息，即车辆 VIN、车牌号等。

图 3-2-17　记录数据

图 3-2-18　建立客户档案

（4）定位前车辆检查

进行车轮定位前，必须进行车辆检查，并排除可能影响检测结果的问题。

1）安装的轮胎型号是否与车辆铭牌要求一致。

2）检查同轴两侧轮胎花纹是否一致。

3）目视检查轮胎是否有裂纹、异常磨损，是否嵌入金属、非金属颗粒等异物。

4）使用胎纹深度尺，测量胎面沟槽深度并记录。

5）使用胎压表检查或调整轮胎气压达到标准并记录。

6）目视检查轮辋是否变形、锈蚀或有其他损坏。

7）检查备胎是否安放到位，并将重物拿出车外。

8）检查车内是否空载。

9）检查车身是否有严重撞击变形。

10）检查底盘机械部件是否松旷、变形及有其他损坏。

（5）车型选择及数据输入

车型选择如图 3-2-19 所示。

图 3-2-19　车型选择

1）在数据库中找到相对应车型。

2）在车辆状况表中输入调整后的胎压值和胎纹深度。

3）在车辆状况表中输入轮胎型号。

（6）安装车轮传感器

安装车轮传感器，如图 3-2-20 所示。

1）操作举升机到最低落锁位置落锁。

2）安装车轮传感器卡具和车轮传感器。

3）安装车轮传感器电缆并启动传感器。

4）在后部车轮处放置车轮挡块。

5）将变速杆置于空档位置并释放驻车制动。

（7）轮毂偏位补偿位置

轮毂偏位补偿如图 3-2-21 所示。

图 3-2-20　安装车轮传感器

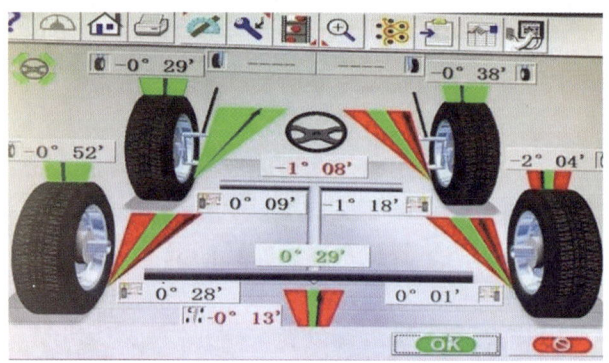

图 3-2-21　轮毂偏位补偿

1）放置二次举升支撑垫块。

2）升起举升机二次举升平台，使车轮离开举升机 10cm 左右，充分悬空。

3）进行轮毂偏位补偿（四轮），顺序为左前、右前、左后、右后，完成车轮的补偿计算。

▶ 提示　根据定位仪显示屏提示操作。

（8）定位检测位置（调整前）

1）如图 3-2-22 所示，拔出前轮转盘固定销并放好，拔出后轮后滑板固定销并放好。

2）操作举升机二次举升平台缓慢回落到位，进行以下操作（请根据显示屏提示）：

①移开后轮挡块。

②检查前轮是否落在转盘中心。

③检查后轮是否落在后滑板上正确位置。

④实施驻车制动。

⑤按动车辆前部数次，使减振器复位。

⑥按动车辆后部数次，使减振器复位。

⑦如图 3-2-23 所示，使用制动踏板锁顶住制动踏板。

⑧如图 3-2-24 所示，转动转向盘，使车轮方向对中。

图 3-2-22　拔出前轮转盘固定销

图 3-2-23 使用制动踏板锁顶住制动踏板

图 3-2-24 转向盘对中

⑨如果需要，按照显示屏提示调节传感器水平。

⑩按照程序引导，分别向左、右 20°转向操作。

⑪当显示屏显示前轮前束值时，按"前进图标"，直到进入定位调整。

⑫如图 3-2-25 所示，转动转向盘，车轮方向对中后使用转向盘锁锁住转向盘位置。

⑬如果需要，按照显示屏提示调节传感器水平。

⑭当显示屏显示后轮数据时，后退一步程序查看转向盘是否按照显示屏已经对中，如偏出需要再次调整转向盘，重新对中锁住转向盘。

图 3-2-25 锁住转向盘位置

（9）定位调整位置

如图 3-2-26 所示，按照定位仪显示屏提示操作。

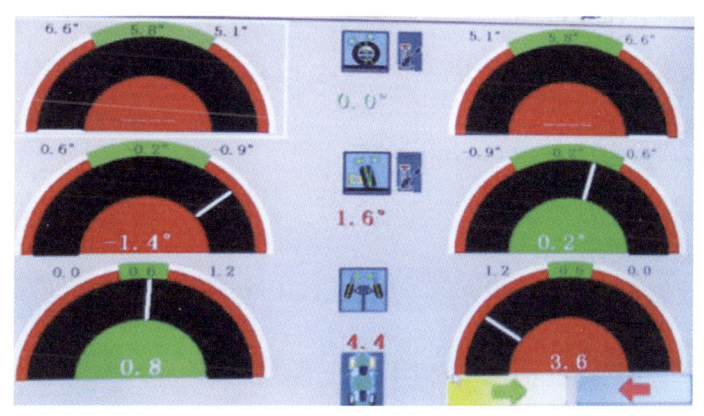

图 3-2-26 根据显示屏画面指示调节

1）操作举升机，升高到较高适合调整位置，并落下安全锁。

2）根据显示屏数据及提示操作。例如，当显示屏显示后轮前束值时，报后轴外倾角数据合格，前束需要调整，则将左侧拉杆调整管两端固定螺母用扳手松开，使调整管有足够旋转空间，使用两个呆扳手完成：一个固定调整管，另一个旋松固定螺母。旋转调整管，调整后桥左侧单轮前束，使显示屏显示的检测数据合格。将左右侧拉杆调整管两端固定螺母用扳手初步拧紧后，使用扭力扳手按照规定力矩上紧（维修手册标准力矩为 56N·m）。按"前进图标"，直到显示屏显示前轴外倾角和前束数值画面。

（10）定位检测位置（调整后）

如图 3-2-27 所示，调整后再次检查数据。按照定位仪显示屏提示操作。

1）降低举升机到最低落锁位置落锁。

2）取下转向盘锁。

3）检查制动踏板锁是否顶住制动踏板，如果制动踏板锁松开或脱离，重新锁牢。

前端	左侧	左右差
后倾角		
外倾角	-1.4°	1.6°
前束角	1.1	4.8
主销内倾角		
包容角		
转向前展测量		
最大转弯角		
车轴偏角		39mm
后面		
外倾角	2.9°	2.3°
前束角	0.4	2.6
		0.3°

图 3-2-27　调整后检查

4）按"前进图标"进入检测流程。

5）转动转向盘，使车轮方向对中，显示屏指示箭头到达中心区域即可。

6）如果需要按照显示屏提示调节传感器水平，则气泡显示屏显示在绿色水平区域即可。

7）按照程序引导，分别向左、右 20° 转向操作。

8）当显示屏显示前轮前束值时，按"前进图标"，显示屏显示检测报告。

9）打印车辆状况和检测的报表（表格形式）。

10）取下传感器电缆并放回初始位置。

11）取下传感器放回充电位置。

（11）设备复位和 5S 管理规范操作

1）设备复位。

①升起举升机二次举升平台，使车轮悬空。

②将前轮转盘固定销插入。

③将后轮滑板固定销插入。

④使举升机二次举升平台缓慢回落，完全回位，车轮平稳落在大剪平台即可，位置无须调整。

⑤拆除制动踏板及转向盘锁，并放至规定位置。

⑥拆下车轮卡具，并归位。

⑦定位仪软件复位关机。

⑧回收二次举升左侧支撑垫块。

⑨回收左后部车轮挡块。

⑩操作举升机回到最低位置。

2）按 5S 管理规范要求操作。

①清洁车辆、场地、工具设备。

②取下车内防护三件套。

③关闭车门，将钥匙和记录表上交管理人员。

项目四
电源与起动系统检查及更换

本项目主要学习汽车电源与起动系统维护的项目及操作规范，有 2 个工作任务：任务一 电源系统检查及蓄电池、发电机更换；任务二 起动系统检查及起动机更换。通过 2 个工作任务的学习，你能掌握汽车电源与起动系统维护的流程和技巧。

任务一　电源系统检查及蓄电池、发电机更换

➡ 情境导入

情境描述

一辆一汽大众迈腾 B8，组合仪表蓄电池充电指示灯点亮。你的主管把检修任务分配给你，你能完成吗？

情境提示

蓄电池是车辆在发动机运转之前的电力来源，如果蓄电池电量不足，车辆将无法起动，其他系统也不能正常工作。因此，必须对蓄电池、发电机进行检查，根据检查结果进行充电或更换蓄电池、发电机。

➡ 学习目标

知识目标

1. 能描述蓄电池的作用及检查、充电、更换注意事项。
2. 能描述发电机的作用及检查、更换注意事项。

技能目标

1. 能进行蓄电池检查、充电和更换。
2. 能进行发电机检查和更换。

一　基本知识

1. 蓄电池的作用及检查、充电、更换注意事项

（1）蓄电池的作用

汽车用铅酸蓄电池具有如下的作用：

1）在未起动发动机时向汽车用电设备供电。
2）起动发动机时，瞬间提供大电流。
3）吸收汽车上大功率设备瞬间断开时产生的高压电。
图4-1-1是蓄电池实物图，图4-1-2是蓄电池在车上的位置。

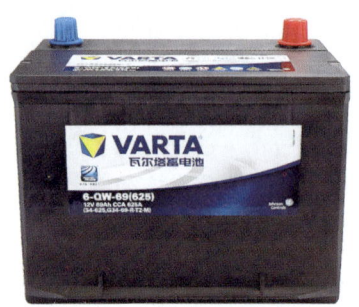

图4-1-1 蓄电池

图4-1-2 蓄电池在车上的位置

（2）蓄电池检查、充电、更换的注意事项

由于蓄电池储存的电量有限，发动机运行时发电机会为蓄电池充电，必要时也可以用充电机充电。蓄电池检查、充电、更换时的注意事项如下。

1）检查蓄电池时，应进行蓄电池的外观检查。
2）用万用表检查蓄电池时，应短暂开启大功率设备，以消除蓄电池极桩的表面电荷。
3）使用蓄电池测试仪测试时，应保证蓄电池正负极正确连接。
4）在充电时要正确连接线路，防止先开电源后连接的错误。
5）避免充电时电压过高或者长时间大电流充电。
6）更换蓄电池时应该正确拆装蓄电池极桩。

图4-1-3是使用蓄电池测试仪测试蓄电池的场景，图4-1-4是使用充电机对蓄电池充电的场景。

图4-1-3 使用蓄电池测试仪测试蓄电池

图4-1-4 使用充电机对蓄电池充电

2. 发电机的作用及更换注意事项

（1）发电机的作用

在起动发动机后，发电机向汽车除起动系统以外的所有用电器供电和向蓄电池充电，组合仪表上的充电指示灯应熄灭。如果充电指示灯持续点亮，说明充电系统存在故障。

（2）发电机检查、更换的注意事项

1）拆卸发电机之前必须断开蓄电池负极。

2）拆卸发电机时应戴上手套，防止手刮伤。

3）在取下发电机最后一个固定螺栓时应用手扶住发电机，防止发电机掉落。

4）检查发电机时，应防止人或测试仪等与发动机的旋转部件接触。

二 基本技能

> **注意** 请按举升机使用规范及车辆防护标准操作。

1. 蓄电池检查、充电和更换

（1）蓄电池检查

1）打开发动机舱盖。

2）检查蓄电池外观，如图4-1-5所示。

①蓄电池的极桩处有无腐蚀。

②蓄电池有无电解液渗漏。

③摇晃蓄电池有无松动。

蓄电池拆装

3）用万用表测量蓄电池电压，如图4-1-6所示。

①点火开关置于ON位置。

②打开前照灯或者鼓风机风速调到最大工作档位30s左右。

③点火开关置于OFF位置，关闭汽车上所有的用电设备。

④将万用表调至直流电压20V档位。

⑤将万用表红色表笔连接至蓄电池正极，黑色表笔连接至蓄电池负极，然后观察万用表的读数，应为12V左右。

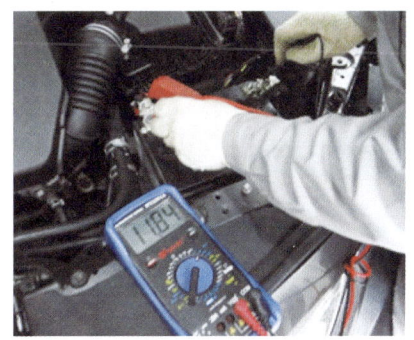

图4-1-5　检查蓄电池外观　　　　图4-1-6　用万用表测量蓄电池电压

4）用蓄电池测试仪测试蓄电池性能，如图4-1-7~图4-1-10所示。

①关闭汽车所有用电设备。

②读取蓄电池的相关性能参数，记录蓄电池的额定容量、冷起动电流。

③将蓄电池测试仪红色夹子连接在蓄电池正极，黑色夹子连接至蓄电池负极。

④在测试内容中选择"蓄电池"，按"ENTER"选择"标准选择"，选择蓄电池测试标准范围。

图 4-1-7 测试仪连接蓄电池极桩

图 4-1-8 选择蓄电池测试内容

图 4-1-9 选择蓄电池测试项目

图 4-1-10 蓄电池测试结果

⑤按"ENTER"选择"冷起动电流选择"测试项目,调节至蓄电池上的参考值。

⑥按"ENTER"选择"蓄电池测试",再按"ENTER"进行测试,屏幕会显示测试结果。

➤ **提示** 根据蓄电池测试仪提示步骤操作。

(2)蓄电池充电

➤ **注意** 建议事先将需要充电的蓄电池从车上拆下,如果就车充电,应拆卸蓄电池极柱桩头。

1)如图 4-1-11 所示,检查充电机(充电器)是否正常,并关闭电源开关。

2)如图 4-1-12 所示,正确连接充电机的充电电缆至蓄电池上。

图 4-1-11 检查充电机(充电器)

图 4-1-12 连接充电电缆

①红色电缆夹连接充电机的"+"输出端子,黑色连接充电机的"-"输出端子。

②将连接至蓄电池正输出端子的电缆(红色)连接至蓄电池正极,将连接至蓄电池负输出端子的电缆(黑色)连接至车身接地(搭铁)处。

③连接充电机电源线,选择充电电压12V,打开充电机电源开关,调节充电电流(长时间充电,电流应不大于5A)。

> 警告

①不要将充电电缆连错,否则可能烧损汽车用电设备。
②充电电缆夹在充电过程中不能脱落,否则可能烧损汽车用电设备。
③充电电缆负极夹不能夹在油路和控制单元旁,以防在充电过程中起火或控制单元烧损。

3)当蓄电池充满电时,关闭充电机电源,拆卸充电电缆。

> 提示　请根据充电机操作说明书操作。一般情况下,蓄电池充电完成时,手动模式时电流表显示小于0.5A,自动模式时绿灯亮起或显示提示已充满。

(3)蓄电池更换

1)如图4-1-13所示,拆卸蓄电池负极接线柱。
2)如图4-1-14所示,拆卸蓄电池正极接线柱。

图4-1-13　拆卸蓄电池负极接线柱

图4-1-14　拆卸蓄电池正极接线柱

3)如图4-1-15所示,拆卸蓄电池的固定夹螺栓,取下蓄电池固定夹。
4)如图4-1-16所示,取出旧蓄电池。

图4-1-15　拆卸蓄电池固定夹螺栓

图4-1-16　取出旧蓄电池

5)如图4-1-17所示,核对新蓄电池尺寸、容量是否符合相应车型。
6)如图4-1-18所示,把新蓄电池放进蓄电池的安装位置。
7)如图4-1-19所示,安装蓄电池的固定夹并拧紧螺栓。
8)如图4-1-20所示,安装蓄电池的正极电缆。

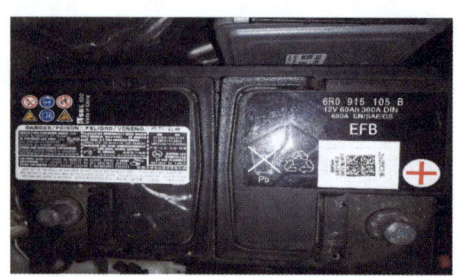
图 4-1-17 核对新蓄电池的尺寸和参数

图 4-1-18 放入新的蓄电池

图 4-1-19 安装蓄电池的固定夹

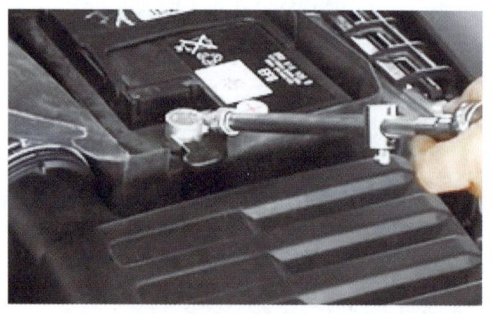
图 4-1-20 安装蓄电池的正极电缆

9）如图 4-1-21 所示，安装蓄电池的负极电缆。

10）起动发动机，检查蓄电池的工作情况。

> **警告**

1）为了防止在拆装时发生短路，应遵循先拆负极接线柱和先装正极接线柱的原则。

2）不要过度拧紧蓄电池固定架螺栓，避免损坏蓄电池外壳。

2. 发电机检查和更换

（1）发电机检查

1）将车辆停放在举升机工位，打开发动机舱盖，并做好车辆防护。

2）起动发动机，准备进行发电机动态检查。

3）如图 4-1-22 所示，进行发电机的输出电压测试：

①将万用表选择直流电压 20V 档位。

②将万用表表笔连接至蓄电池正、负极，读取数据（正常范围在 13~14V）。

③在测试过程中，可以加速发动机，观察数据的变化，正常情况应变化不大。

4）发电机的整流器测试：

①将万用表选择交流电压 20V 档位。

②将万用表表笔连接至蓄电池的正、负极，读取数据（正常情况不会超过 0.1V）。

发电机充电检测

图 4-1-21 安装蓄电池的负极电缆

图 4-1-22 发电机动态检查

（2）发电机更换

1）关闭发动机。

2）拆卸蓄电池负极电缆。

3）如图 4-1-23 所示，拆卸发电机上的线束。

①将发电机的监测线束连接器取下。

②用一字槽螺钉旋具撬开发电机输出端子防尘罩。

③用套筒扳手拆卸发电机输出端子固定螺母。

4）如图 4-1-24 所示，拆卸发电机的张紧机构螺栓。

图 4-1-23　拆卸发电机上的线束

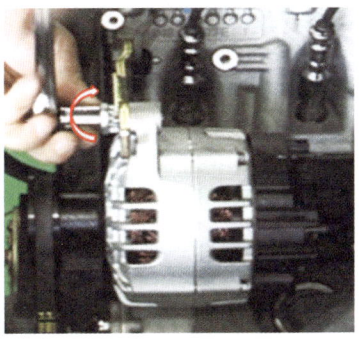
图 4-1-24　拆卸发电机张紧机构螺栓

5）如图 4-1-25 所示，取下发电机驱动带。

▶ **提示**　取下发电机驱动带前，观察并记住驱动带的缠绕方式和方向。

6）如图 4-1-26 所示，拆卸发电机的固定螺栓。

①选择合适的拆装工具，分次拧松发电机的固定螺栓。

②取下旧发电机。

图 4-1-25　取下发电机驱动带

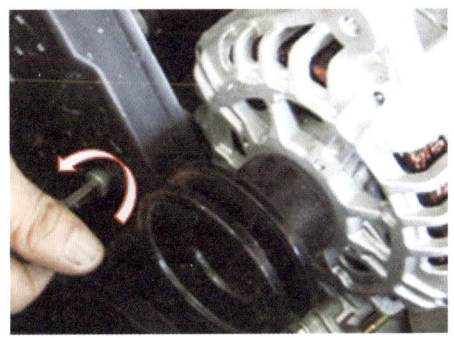
图 4-1-26　拆卸发电机固定螺栓

7）如图 4-1-27 所示，安装新发电机。

①将新发电机放在安装支架上。

②将固定螺栓插进螺栓孔中，并用手或工具拧进去，但不能拧紧。

8）如图 4-1-28 所示，调节发电机驱动带的张紧度。

①用拆装工具把张紧机构固定好，但不能拧紧。

②将发电机驱动带按原来的缠绕方式安装。

③慢慢拧紧张紧机构螺栓，同时感受或者测量发电机驱动带的张紧度，直到达到维修

手册规定力度为止。

④分次拧紧发电机固定螺栓。

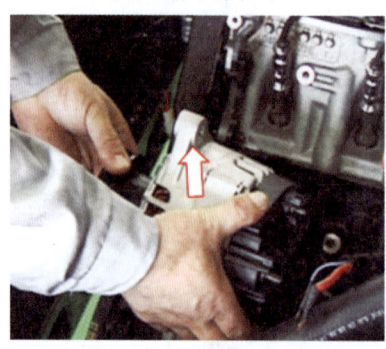 

图 4-1-27　安装新发电机　　　图 4-1-28　调节发电机驱动带张紧度

▶ **提示**　发电机驱动带的张紧度以不打滑和异响为原则，测试时以 98N 的力推压驱动带的中心部位，用直尺测量变形量，新带应为 7~8.5mm，旧带应为 11~13mm（以对应车型维修手册数据为准）。

9）如图 4-1-29 所示，安装发电机线束。

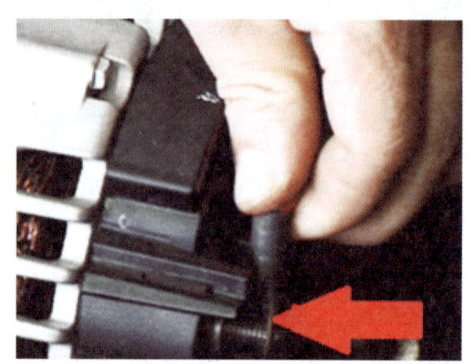

图 4-1-29　安装发电机线束

①将发电机输出端子安装到发电机接线柱上。
②拧紧发电机输出端子固定螺母并盖上防尘罩。
③将发电机监测线束连接器安装到发电机上。
10）安装蓄电池负极。
11）根据发电机检查的步骤再次检查发电机。
12）按 5S 管理规范要求操作。

任务二　起动系统检查及起动机更换

情境导入

情境描述

一辆一汽大众迈腾 B8，点火开关转到起动位置时，起动机运转无力。你的主管要求你检查起动机，必要时更换，你能完成这个任务吗？

情境提示

在起动时，如果起动机不运转或运转无力，可能是蓄电池亏电或者起动机本身及线路有故障。

学习目标

知识目标

1. 能描述起动系统的作用及检查、更换注意事项。
2. 能描述起动系统常见故障及可能原因。

技能目标

1. 能进行起动机不解体检查。
2. 能进行起动机更换。

一 基本知识

1. 起动系统的作用及起动机检查、更换注意事项

（1）起动系统的作用

汽车起动系统（图4-2-1）的作用是将蓄电池的电能转化为机械能，驱动发动机飞轮旋转，实现发动机能在自身动力作用下继续运转。蓄电池和起动机（直流电动机，图4-2-2）是起动系统的主要部件。

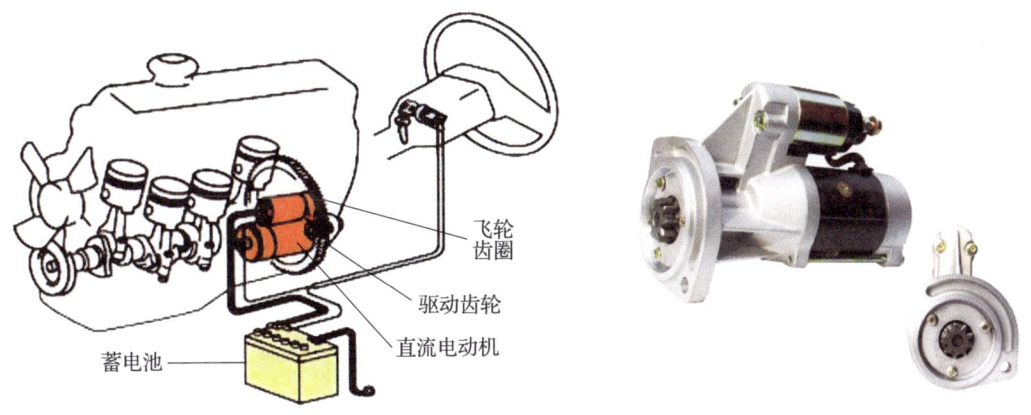

图4-2-1 汽车起动系统　　　　　　　图4-2-2 汽车起动机

（2）起动机检查、更换的注意事项

1）拆卸起动机之前必须断开蓄电池负极。
2）拆卸起动机时应戴上手套，防止手刮伤。
3）在取下起动机最后一个固定螺栓时应用手扶住起动机，防止起动机掉落。
4）检查起动机时应该注意线路的连接，防止短路发生。

2. 起动系统常见故障及可能原因

起动系统的电源、线路、起动机总成、起动控制电路的故障，都会造成起动机不工作

或工作不正常,无法起动发动机。起动机故障的表现形式很多,常见的故障有起动机不运转、起动机空转、起动机运转无力等。故障可能原因为蓄电池电量不足、起动机或起动电路故障。在确认蓄电池正常的前提下,需要对起动电路进行检修。不同车型的起动电路有所区别,需要分析相关车型的起动电路,根据其控制特点进行检修。

确定蓄电池和起动电路正常后,需要解体检修起动机总成,发现异常则进行维护或检修,如果故障严重,则更换起动机总成。

二 基本技能

> **注意** 请按举升机使用规范及车辆防护标准操作。

1. 起动机不解体检查

> **提示** 起动机不解体检查通常仅对于已经拆下的起动机总成进行。

(1)起动机吸引线圈性能测试

吸引线圈测试如图4-2-3所示。

1)将电磁开关上与起动机连接的端子(C)断开,与蓄电池负极连接。

2)将电磁开关壳体与蓄电池负极连接。

3)将电磁开关上与点火开关连接的端子(50)与蓄电池正极连接,起动机驱动齿轮应向外移出,否则说明电磁开关有故障,应更换起动机。

(2)起动机保持线圈性能测试

保持线圈性能如图4-2-4所示。

在吸引线圈性能测试的基础上,拆下电磁开关端子(C)上的连接线,此时起动机驱动齿轮应保持在伸出位置不动,否则说明保持线圈损坏或搭铁不正常,应更换起动机。

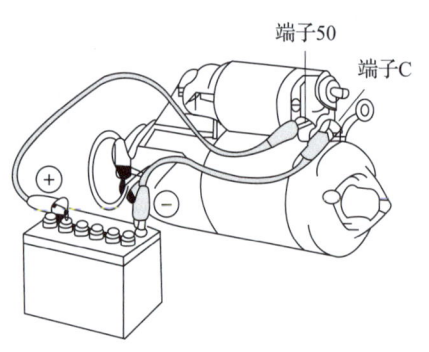

图4-2-3 吸引线圈测试

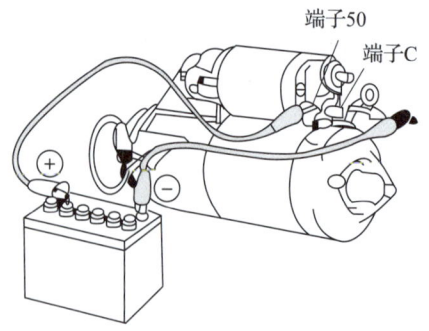

图4-2-4 保持线圈测试

(3)起动机驱动齿轮回位测试

回位测试如图4-2-5所示。

在保持线圈性能测试的基础上,再拆下壳体上的连接线,此时驱动齿轮应迅速复位。如不能复位,说明复位弹簧失效,应更换起动机。

（4）起动机空载测试

空载测试如图 4-2-6 所示。

1）固定起动机，并根据图示的方法连接导线。

2）电源接通后，起动机应平稳运转，同时驱动齿轮应移出。

3）读取安培表（电流表）的数值，应符合标准值（根据起动机的直流电动机功率确定，一般为 150~200A）。

4）断开电源后，起动机应立即停止转动，同时驱动齿轮缩回。

> 警告

1）严格按照图示连接线路，防止短路。

2）空载测试时必须固定起动机。

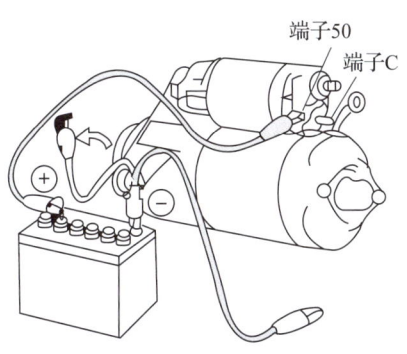

图 4-2-5　驱动齿轮回位测试

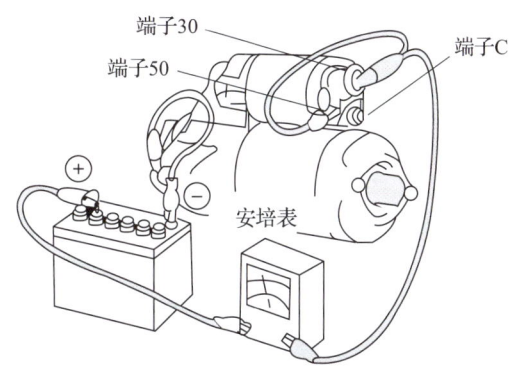

图 4-2-6　起动机空载测试

2. 起动机的更换

（1）拆卸前准备

1）将车辆停放在举升机工位，打开发动机舱盖，并做好车辆防护。

2）拆卸蓄电池负极。

3）举升车辆至合适的工作位置，举升机安全锁止。

（2）拆卸起动机电源线束

图 4-2-7 所示是起动机电源线束连接端子。

1）取下起动机起动电源端子线束。

2）用一字槽螺钉旋具敲开起动电源端子防护盖。

3）用套筒扳手拆下起动电源端子螺栓。

4）取下起动机电源端子。

（3）拆卸起动机固定螺栓

图 4-2-8 所示是起动机固定螺栓。

1）选择合适的套筒扳手，分次拧松起动机所有的固定螺栓。

2）取下起动机的固定螺栓。

3）取下最后一个固定螺栓时，用手托住起动机，取下起动机总成。

起动机的拆装

图 4-2-7　起动机电源线束连接端子

图 4-2-8　起动机固定螺栓

（4）安装起动机总成

1）在更换新的起动机时，应注意起动机功率是否满足该车型。
2）清洁起动机与发动机接触面。
3）如图 4-2-9 所示，将起动机安装到发动机固定位置。
4）将起动机固定螺栓分次拧紧，用扭力扳手按规定拧紧。

（5）安装起动机电源线束

1）如图 4-2-10 所示，将起动机电源线连接到起动机电源端子上。
2）固定起动机电源端子螺母。
3）安装起动机起动线束，并盖上防尘罩。

图 4-2-9　安装起动机总成

图 4-2-10　安装起动机电源线束

（6）安装后测试

1）操作举升机，降下车辆。
2）安装蓄电池负极。
3）起动发动机检查起动机的工作情况。
4）关闭发动机舱盖，并按 5S 管理规范要求操作。

项目五
汽车整车维护操作规范

本项目参照职业院校技能竞赛整车维护项目及汽车维修企业双人快保操作的要求，介绍双人快保操作规范，有 2 个工作任务：任务一 汽车整车维护双人快保操作规范（上）；任务二 汽车整车维护双人快保操作规范（下）。通过 2 个工作任务的学习，你能掌握汽车整车维护双人快保操作方法的工作内容和操作规范。

任务一　汽车整车维护双人快保操作规范（上）

➡ 情境导入

情境描述

一辆一汽大众迈腾 B8 进店做定期维护。你的主管要求你和组员必须按照双人快保的标准规范步骤来操作，你能完成吗？

情境提示

双人快保是汽车 4S 店及综合维修企业都在推行的一种整车维护项目操作方法，可以提高工作效率及客户满意度。

➡ 学习目标

知识目标

1. 能描述汽车整车维护项目双人快保操作方法的优越性和操作内容。
2. 能描述双人快保各个车辆举升位置的工作内容。

技能目标

1. 能根据双人快保操作规范执行整车维护（举升位置 1）。
2. 能根据双人快保操作规范执行整车维护（举升位置 2）。

一　基本知识

1. 汽车整车维护项目双人快保操作方法介绍

（1）快修快保项目与双人快保操作方法

汽车维修服务企业（门店）通常将 2h 以内能完成的小修和保养服务项目称为"快

修快保"，项目通过"选用专业的人员""划分专门的场地""配备专用的设备 / 工具 / 配件""执行专业的服务流程""设计专属套餐产品"等，为客户提供高效、优质的维修和保养服务，降低客户流失率，增加企业的营业收入及提高客户满意度。

整车定期维护也属于"快修快保"项目，虽然也可以采用传统"单人"的操作方法，但通常采用"双人"（即由两位维护技师同时配合操作）的操作方法。"快修快保"班组由经过专业培训的机电一体维护技师 2 人组成，其中至少 1 人具有驾驶证。

（2）双人快保操作方法的优越性

采用双人快保操作方法的工作效率比传统的单人操作方法高得多。传统的汽车保养操作方法是一人一个工位，也是按照车辆保修手册规定的项目进行检查和维护，但是如果没有标准的流程和有效的监督机制，往往有些操作项目流于形式，尤其是在业务繁忙的情况下，更容易发生操作不到位甚至遗漏的现象。这样的直接后果是导致客户的不信任感，规定的保养项目到底做了还是没做，客户会有疑问。图 5-1-1 是普通保养（单人操作）与快速保养（双人操作）时间对比，在操作项目相同的情况下，单人操作的普通保养需 2h 完成，双人操作的快速保养 0.5h 完成（双人的综合时间 1h），综合效率提升了 50%。图 5-1-2 是普通保养与快速保养的路线对比，从图中的"行走路线"可以看出，双人操作人员（维护技师）总体行走路线比单人的短得多，即工作强度也降低很多。

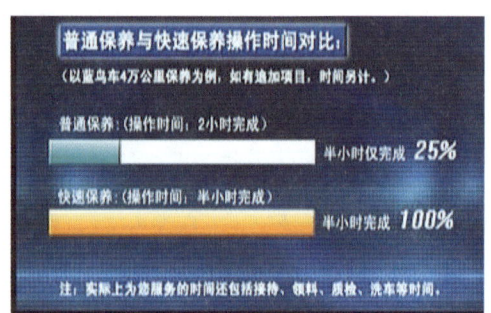

图 5-1-1　普通保养与快速保养时间对比

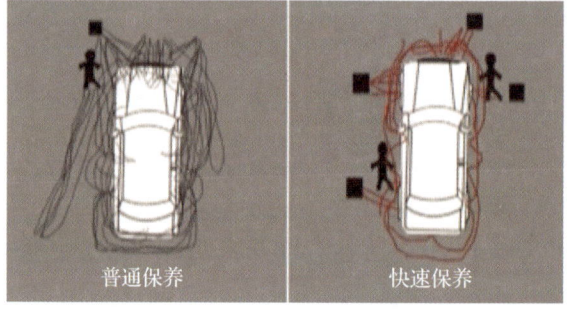

图 5-1-2　普通保养与快速保养的路线对比

推行双人快保操作方法后，工作效率提高，操作项目全面而且规范，维护技师工作强度也降低，更重要的是客户满意度也随之提高。

2. 双人快保的操作内容

一般情况下，双人快保的操作内容根据举升机的车辆举升位置分为 6 个步骤完成。

（1）车辆举升位置一

主要是对灯光、油液、门锁等进行检查。

技师 A：安装三件套，确认档位及驻车制动，拉开发动机舱盖，检查阅读灯，检查安全带，检查车门锁，检查仪表显示，检查制动踏板及助力，操作灯光开关、喇叭、转向柱、刮水器、燃油加注口，安装诊断仪并读取故障码，检查车身损伤等。

技师 B：安装车轮挡块、安装尾气排放管、检查发动机舱盖、安装翼子板及前格栅布、检查蓄电池、检查风窗玻璃洗涤液、检查冷却系统、检查制动液、检查传动带、检查燃油管路、检查发动机机油、检查外部灯光、检查轮胎、检查行李舱盖、检查车门、启动尾气分析仪、检查冷却液冰点等。

（2）车辆举升位置二

主要是对发动机冷却、润滑、燃油供给和燃油蒸发系统的泄漏、损坏、安装情况进行检查，排放机油，对制动管路、转向横拉杆、稳定杆、驱动轴、前悬架、后悬架、排气系统、副车架、后减振器进行检查和紧固。

技师A：收起车轮挡块、安装举升机垫块、发出举升信号、检查举升机垫块及支撑情况、排放发动机机油、检查底盘机构、检查散热器、安装放油螺塞等。

技师B：收起车轮挡块、安装举升机垫块、发出举升信号、操作举升机、检查举升机垫块及支撑情况、检查机油及底盘各处油封和接合面是否泄漏、检查排气系统、检查减振器、检查制动管路和燃油管路、检查底盘机构、按力矩紧固底盘关键部位螺栓等。

（3）车辆举升位置三

主要是对前减振器泄漏、车轮轴承松旷及旋转噪声进行检查，拆装左后制动器并检查测量制动鼓/制动盘、制动摩擦片。

技师A：发出举升机下降信号、检查车轮、拆卸车轮、测量制动蹄片、安装车轮等。

技师B：操作下降举升机、检查车轮、拆卸车轮、检查减振器、拆卸车轮、测量制动蹄片、安装车轮等。

（4）车辆举升位置四

主要是对车轮螺栓进行紧固，更换机油滤清器、空气滤清器，对玻璃升降器、后视镜、蓄电池进行检查，对尾气排放进行检测。

技师A：发出下降举升机的信号、车辆制动并安装车轮挡块、插好尾气排放管、更换空气滤清器、紧固车轮螺栓、驻车制动器调整、起动发动机、检查玻璃升降、打开车内用电器、检查空调、检查后视镜、释放驻车制动等。

技师B：操作下降举升机、加注机油、配合驻车制动器调整、测量充电电压、检查玻璃升降器、检查尾气排放数据等。

（5）车辆举升位置五

主要是机油泄漏检查、制动液泄漏检查、冷却液泄漏检查。

技师A：检查举升机垫块、发出举升信号、检查举升支撑情况、检查制动液等。

技师B：检查举升机垫块、发出举升信号并操作举升机、检查油液有无泄漏等。

（6）车辆举升位置六

主要是降下车辆，将尾气分析仪、工具设备、车身防护用品归位，检查发动机机油、冷却液液位，对车身内外进行清洁。

技师A：发出下降举升机的信号、关闭尾气分析仪、清洁车辆内部、收起车内三件套、清洁工位等。

技师B：操作下降举升机、检查发动机舱油液、收起翼子板布和前格栅布、清洁工位等。

二 基本技能

> **注意** 请按举升机使用规范及车辆防护标准操作。

1. 汽车整车维护双人快保操作规范－车辆举升位置 1

（1）技师 A 操作步骤

1）安装车内防护三件套。如图 5-1-3 所示，依次安装脚垫、座椅套、转向盘套。

2）档位及驻车制动检查确认。如图 5-1-4 所示，踩住制动踏板，将变速杆移到 P 位或空档（手动档车型），然后设置驻车制动。

图 5-1-3　安装三件套

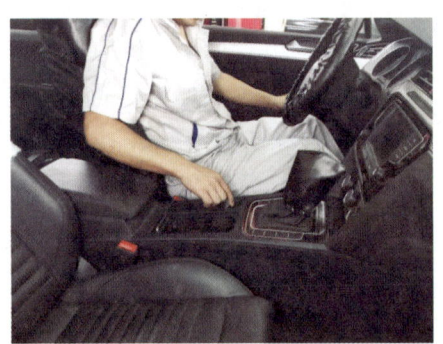
图 5-1-4　档位及驻车制动设置

3）拉起发动机舱盖释放杆。如图 5-1-5 所示，用右手向外拉动发动机舱盖释放拉手（用力适中），当听到机舱盖锁扣弹开的声音，停止拉动。

4）检查中部阅读灯。如图 5-1-6 所示，检查中部阅读灯开关位于左右位置时是否点亮，检查完毕后将开关置于 DOOR（车门控制）位置。

图 5-1-5　拉起发动机舱盖释放杆

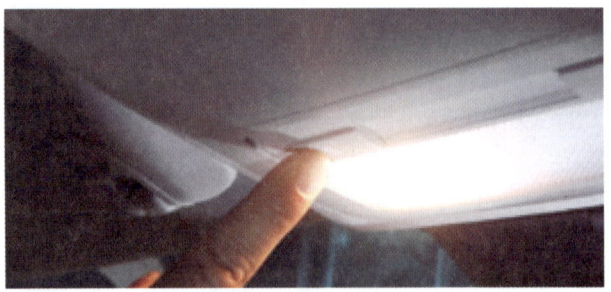
图 5-1-6　检查中部阅读灯

5）检查安全带，如图 5-1-7 所示。

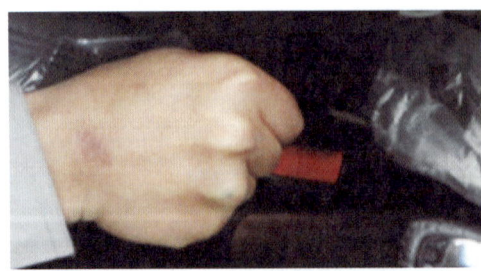
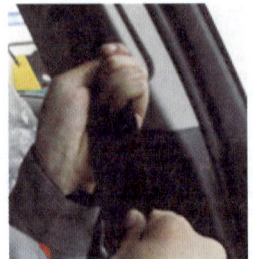
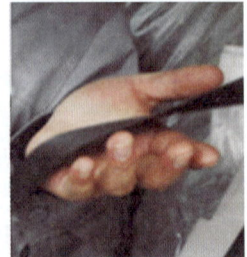

图 5-1-7　检查安全带

①检查驾驶员座椅安全带的拉伸和卷收情况,以及安全带有无撕裂或磨损,注意安全带应拉伸自如。

②检查驾驶员座椅安全带惯性开关和安全带扣锁止开关的工作情况。

③检查锁止开关,检查安全带插入后是否牢固,以及仪表指示灯工作情况。

④安全带返回时双手放开,应自由地回到原位,无卡滞现象。

6)检查车门门锁。

①如图 5-1-8 所示,检查左前车门门锁从内外打开是否正常;检查微开开关,车门微关时门灯指示应点亮。

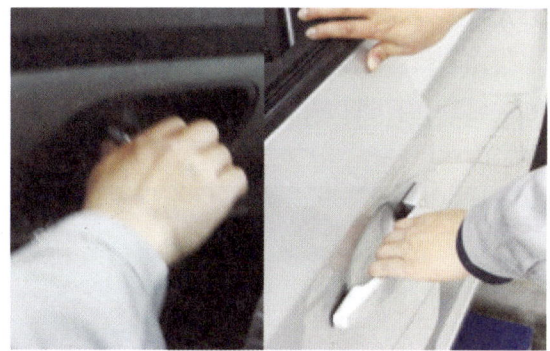

图 5-1-8　检查车门门锁

②用同样的方法,检查其他车门门锁是否正常。

③检查儿童锁,当儿童锁转至水平位置时,从车门内侧应该不能打开车门。

7)检查驻车制动器指示灯,如图 5-1-9 所示。

图 5-1-9　检查驻车制动器指示灯

①检查驻车制动器指示灯的工作情况,注意指示灯应在驻车拉杆放下(或电子驻车制动开关按下)时熄灭,拉到第一个棘齿位置时亮起。

②对于机械式驻车制动,检查并记录驻车制动器拉杆的行程,注意驻车拉杆行程应小于整个可活动范围的四分之三。

8)检查制动踏板及助力,如图 5-1-10 所示。

 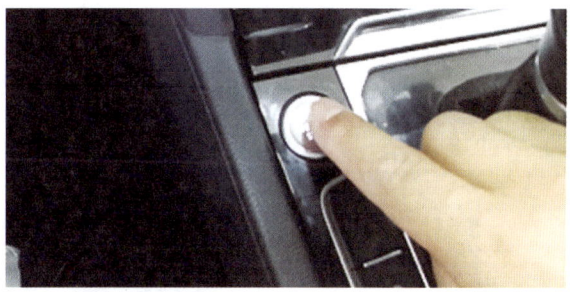

图 5-1-10　检查制动踏板及助力

①检查制动踏板工作时有无松旷和异响;检查制动踏板踩下时的行程和感觉,踩下时不应完全到底,反应应灵敏。

②发动机起动前踩下制动踏板数次,踩住踏板;打开点火开关,可以听到助力泵的工作响声,起动发动机后,踏板应向下沉,说明制动真空助力正常。

9)检查发动机舱盖锁和微开开关的工作情况。如图 5-1-11 所示,两位技师合作检查发动机舱盖锁和微开开关的工作情况,机舱盖锁上第一道锁时,仪表显示上的发动机舱盖指示灯(显示区图标)不会熄灭,发动机舱盖锁上第二道锁时,指示灯才会熄灭。

10)检查仪表指示灯。如图 5-1-12 所示,仪表上的各种指示灯,在点火开关置于 ON 位置时点亮,自检完成后或起动发动机后熄灭。如果不熄灭,检查相应的功能是否开启或发生故障。

图 5-1-11　机盖打开指示灯点亮　　　　　图 5-1-12　检查仪表指示灯

11)检查车辆前部灯光。如图 5-1-13 所示,起动发动机,两位技师合作检查示宽灯、近光灯、远光灯、前部转向灯、危险警告灯及相应灯光的指示灯的工作情况。

12)检查转向灯开关回位。如图 5-1-14 所示,转向灯开关开启后转向指示灯应点亮,转向灯开关应能跟随转向盘自动回位。

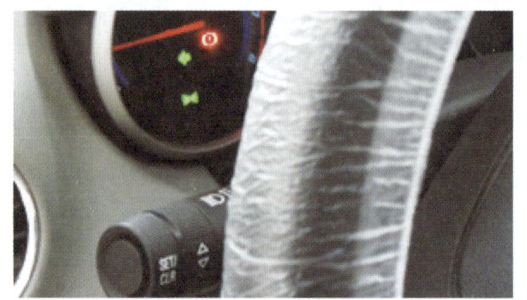

图 5-1-13　检查车辆前部灯光　　　　　图 5-1-14　检查转向灯开关回位

13)检查组合仪表背景灯的亮度调节功能。如图 5-1-15 所示,进入仪表灯光设置,检查组合仪表背景灯的亮度调节功能,应是渐进式的,亮度无突变。

14)检查车辆后部灯光。如图 5-1-16 所示,两位技师合作检查后部示宽灯、牌照灯、制动灯、后部转向灯、后部危险警告灯、倒车灯的工作情况。

图 5-1-15　检查组合仪表背景灯　　　　　图 5-1-16　检查车辆后部灯光

15）检查制动真空助力器的密封性。如图 5-1-17 所示，多次踩下制动踏板，每次踩下后踏板返回距离应越来越大，说明制动真空助力器的密封性正常。

16）检查喇叭按钮和转向柱的工作情况，如图 5-1-18 所示。
①转动转向盘的过程中，应能在不同的位置按响喇叭，且无单音、沙哑、破响。
②检查转向盘和转向柱有无松动，转动时有无摆动及异响。

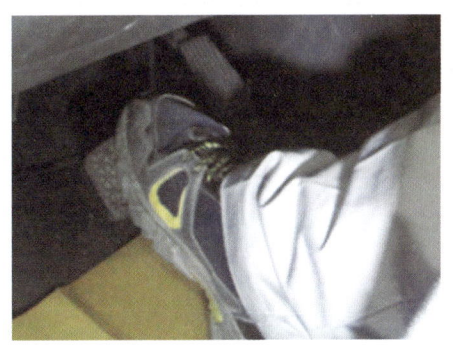
图 5-1-17　检查制动真空助力器的密封性

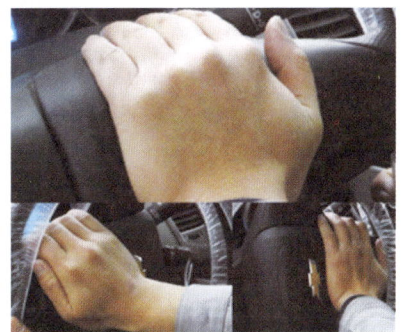
图 5-1-18　检查喇叭按钮和转向柱

17）检查刮水器，如图 5-1-19 所示。
①检查风窗玻璃洗涤器喷射时，刮水器的联动情况。
②检查风窗玻璃洗涤器喷射位置是否合适，刮拭是否干净。
③检查风窗玻璃刮水器的低速、高速工作是否正常，工作中有无异响。
④检查关闭风窗玻璃刮水器后，能否自动回位。

18）检查转向柱调整。如图 5-1-20 所示，检查转向柱的倾斜调整及锁止情况，转向柱在任意位置应锁止正常。

图 5-1-19　检查刮水器

图 5-1-20　检查转向柱

19）检查变速杆及档位指示灯。如图 5-1-21 所示，检查变速杆及档位指示灯的工作情况，检查完毕后将变速杆置于 P 位或 N 位。

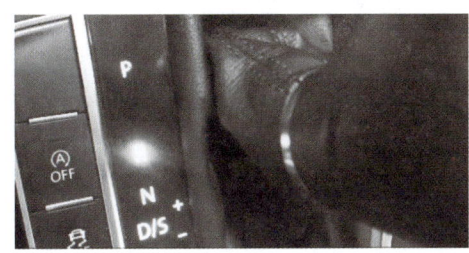

图 5-1-21　检查变速杆及档位指示灯

20）检查并记录制动踏板的行程，如图 5-1-22 所示。

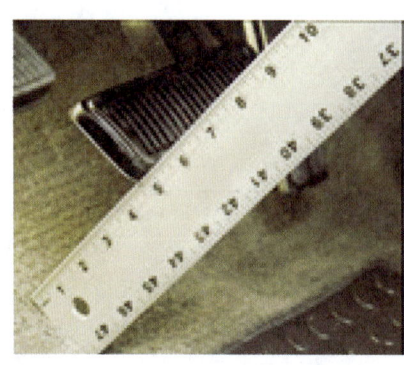 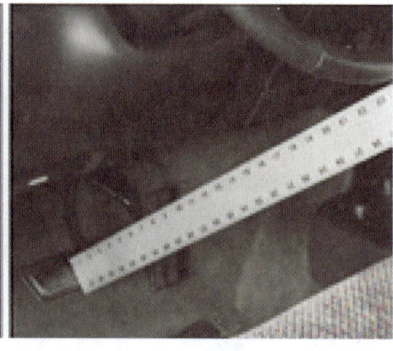

图 5-1-22　检查并记录制动踏板的行程

①关闭点火开关，制动助力器完全泄放真空后，以转向盘为参考位置，按照紧急制动方式踩制动踏板（脚离开制动踏板，迅速踩下）。

②测量踏板与转向盘之间的距离，再测量制动踏板初始位置与转向盘之间的距离，两次测量值之差为制动踏板的行程，多次测量取平均值为最后结果，制动踏板行程应为 40~55mm。

③检查并记录制动踏板的自由行程。以转向盘为参考位置，测量制动踏板初始位置与转向盘之间的距离，再测量轻踩制动踏板后，踏板与转向盘之间的距离，两次测量值之差为制动踏板的自由行程，多次测量取平均值为最后结果，制动踏板自由行程标准值应为 1~8mm。

21）检查燃油加注口盖，如图 5-1-23 所示。

①检查燃油加注口盖的安装情况及有无变形、损坏。

②检查燃油加注口盖的打开和关闭是否正常。

③检查燃油加注口盖的橡胶连接是否完好、旋紧时力矩限制是否正常。油箱盖应可以正常拧紧，进一步拧紧油箱盖应发出"咔咔"声。

22）检查右前照灯。如图 5-1-24 所示，检查右前照灯的安装、污染和损坏情况。

 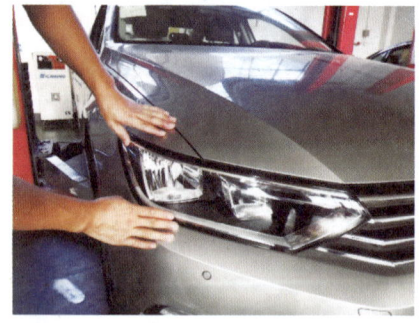

图 5-1-23　检查燃油加注口盖　　　　图 5-1-24　检查右前照灯

23）检查左前减振器。如图 5-1-25 所示，检查左前减振器的阻尼状态，双手按压左前侧车身处 3 次，用力下压，使减振器反弹到最高处后，再向下压，按动时要慢慢均匀用力，不要用冲击力。

24）检查左前照灯。如图 5-1-26 所示，检查左前照灯的安装、污染及损坏情况。

25）检测并记录发动机系统故障码，如图 5-1-27、图 5-1-28 所示。

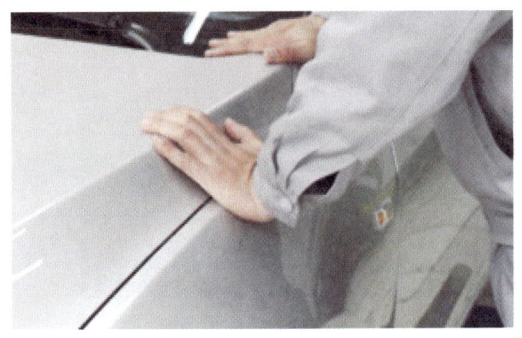

图 5-1-25 检查左前减振器

图 5-1-26 检查左前照灯

图 5-1-27 组装诊断仪器

图 5-1-28 检测并记录故障码

①组装故障诊断仪,将 OBD Ⅱ 诊断接头连接到车辆诊断座。
②根据仪器提示操作,读取故障码,记录并清除故障码。
③如果不能清除故障码,则根据故障码的内容检修。
26)拆下机油加注口盖,如图 5-1-29 所示。
①拆卸前应清洁加注口盖外的污物。
②拆下机油加注口盖。
27)安放支撑垫块。如图 5-1-30 所示,安放支撑垫块后,要确认安放位置是否正确。

图 5-1-29 拆下机油加注口盖

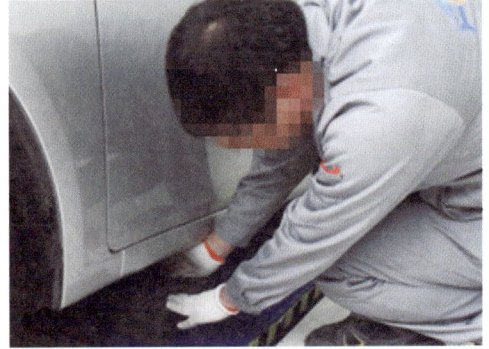

图 5-1-30 安放支撑垫块

(2)技师 B 操作步骤

1)安装车轮挡块。如图 5-1-31 所示,安装车轮挡块时要将挡块用力推紧。
2)安装尾气排放管。如图 5-1-32 所示,尾气排放管要安装牢固,不可脱落。

图 5-1-31 安装车轮挡块　　　图 5-1-32 安装尾气排放管

3）检查发动机舱盖铰链，如图 5-1-33 所示。

①双手向上将发动机舱盖掀到较高位置，一只手支撑住发动机舱盖，另一只手拉起发动机舱盖支撑杆。

②检查发动机舱盖铰链有无松动。

4）安装翼子板布和前格栅布，如图 5-1-34 所示。

①翼子板布和前格栅布要有效遮挡车身部位，翼子板布的上边缘与翼子板上部齐平，前格栅布的上边缘和前格栅上部平齐。

②用翼子板布和前格栅布内部的磁铁牢牢吸住金属部分。

③放置时禁止在车身上面滑动，以防擦伤涂层。

④有标记或文字的一面朝外且朝上。

图 5-1-33 检查发动机舱盖铰链　　　图 5-1-34 安装翼子板布和前格栅布

5）检查蓄电池，如图 5-1-35 所示。

①检查蓄电池有无破损，安装及连接是否牢固。

②测量蓄电池静态电压，注意测量前应校准万用表。

③测量完毕记录测量数据，如果蓄电池电压过低（低于 11V）则需要先充电。

6）检查风窗玻璃洗涤液液位。如图 5-1-36 所示，检查风窗玻璃洗涤液液位，不够应添加。

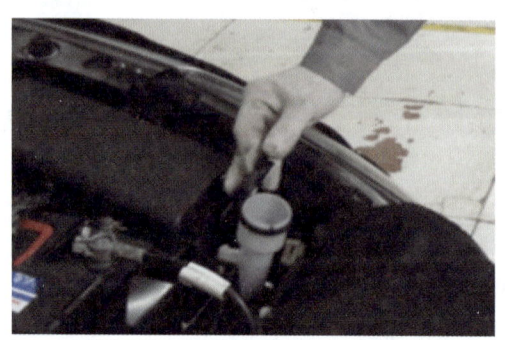

图 5-1-35 检查蓄电池　　　图 5-1-36 检查风窗玻璃洗涤液液位

7）检查冷却系统。

①如图 5-1-37 所示，检查发动机冷却液的液位，应在上下限（MAX、MIN）之间。

②如图 5-1-38 所示，检查冷却水管及接口有无泄漏；检查冷却水管的安装情况；观察有无裂纹、凸起、硬化、磨损或其他损坏；观察水管有无松动；注意要检查全部的冷却水管。

图 5-1-37　检查冷却液液位　　　　图 5-1-38　检查冷却水管

8）检查制动液。

①如图 5-1-39 所示，检查制动液的液位，应在上下限（MAX、MIN）之间。

②检查制动储液罐、制动管及接头有无泄漏；检查制动管的安装情况及有无扭结、磨损、腐蚀或其他损坏。

③如图 5-1-40 所示，检查制动液含水率。

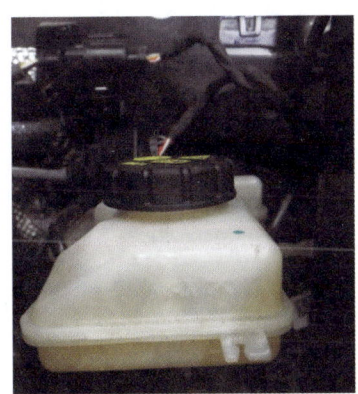 

图 5-1-39　检查制动液液位　　　　图 5-1-40　检查制动液含水率

9）检查发动机传动带，如图 5-1-41 所示。

①按压传动带，检查发动机传动带的安装情况及张力。

②检查传动带有无变形、裂纹、脱层、过度磨损或其他损坏。

10）检查燃油管路。如图 5-1-42 所示，检查燃油管路及接头有无泄漏，管路安装是否牢固，有无裂纹、凸起、硬化、磨损或其他损坏。

11）检查发动机机油。如图 5-1-43 所示，检查发动机机油液位是否在上下限之间。

12）检查前部灯光。两位技师合作检查示宽灯、近光灯、远光灯、前部转向灯、危险警告灯及相应灯光的指示灯的工作情况。

13）检查车辆后部灯光。两位技师合作检查后部示宽灯、牌照灯、制动灯、后部转向灯、后部危险警告灯、倒车灯的工作情况。

图 5-1-41　检查发动机传动带

图 5-1-42　检查燃油管路

14）检查行李舱照明灯。如图 5-1-44 所示，检查行李舱照明灯是否点亮，灯座安装是否牢固。

图 5-1-43　检查发动机机油

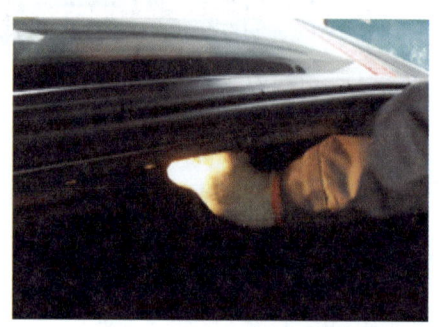
图 5-1-44　检查行李舱照明灯

15）检查轮胎，如图 5-1-45 所示。

图 5-1-45　检查轮胎

①检查轮胎有无裂纹、割伤、起鼓、异物嵌入和异常磨损，钢圈有无损坏或腐蚀。

②检查并记录胎面沟槽的深度，将轮胎侧面按照 90°四等分，校准花纹深度尺，测量每一点处靠近胎冠中心线的花纹沟深度，取测量值中的最小值作为沟槽深度，保留到小数点后一位（轮胎花纹的磨损极限是 1.6mm）。

③检测轮胎是否漏气，气压是否正常（正常值参照车辆标牌），必要时调整气压，在工单上记录测量值。

16）检查行李舱盖，如图 5-1-46 所示。
①检查行李舱盖铰链有无松动。
②检查行李舱盖锁和微开开关的工作情况。

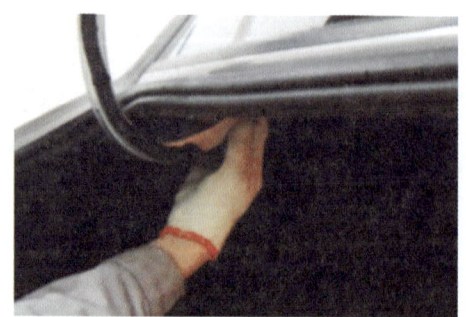
图 5-1-46　检查行李舱盖

17)检查左侧尾灯。如图 5-1-47 所示,检查左侧尾灯总成的安装、污染和损坏情况。

18)检查左后减振器。如图 5-1-48 所示,检查左后减振器的阻尼状态,双手按压左后侧车身处 3 次,用力下压,使减振器反弹到最高处后,再向下压,按动时要慢慢均匀用力,不要用冲击力。

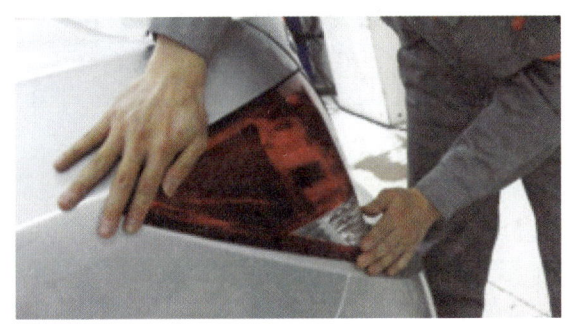

图 5-1-47　检查左侧尾灯

图 5-1-48　检查左后减振器

19)检查右侧尾灯。如图 5-1-49 所示,检查右侧尾灯总成的安装、污染及损坏情况。

20)检查右后减振器。如图 5-1-50 所示,检查右后减振器的阻尼状态,双手按压右后侧车身处 3 次,用力下压,使减振器反弹到最高处后,再向下压,按动时要慢慢均匀用力,不要用冲击力。

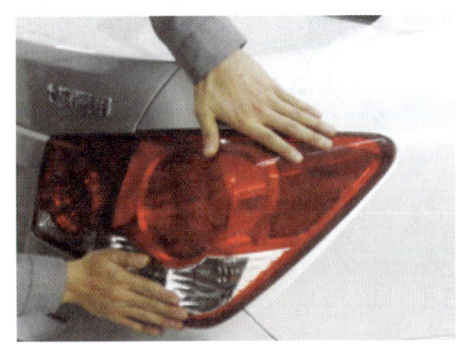

图 5-1-49　检查右侧尾灯

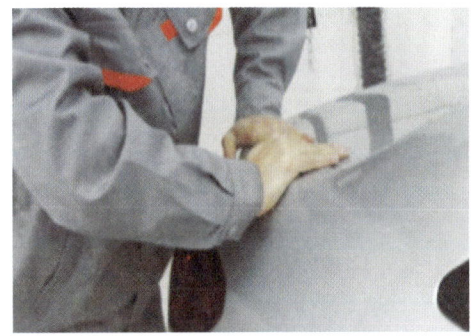

图 5-1-50　检查右后减振器

21)检查右前车门。如图 5-1-51 所示,检查右前车门门锁和微开开关的工作情况。

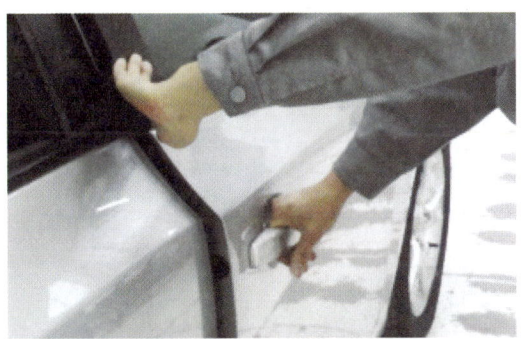

图 5-1-51　检查右前车门

22)启动尾气分析仪。启动尾气分析仪,进行预热。

23)测量并记录发动机冷却液冰点,如图 5-1-52 所示。

 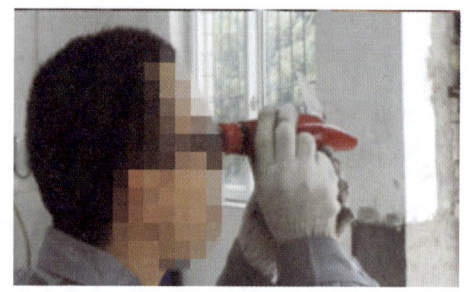

图 5-1-52 测量发动机冷却液冰点

①测量前要清洁并校准测试仪。

②打开储液罐盖,注意打开储液罐盖前,要慢慢拧松,排放储液罐内的气压,防止烫伤。

③测量后要用清洁布清洁测试仪并放好。

24)标记车辆检查结果。如图 5-1-53 所示,两位技师合作在维修工单内标记车辆损毁位置及损毁类型。

25)准备后续工作。如图 5-1-54 所示,将后续工作需要的工具取出摆放好。

 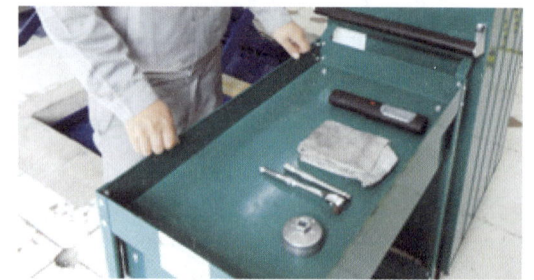

图 5-1-53 标记车辆检查结果　　　图 5-1-54 准备后续工作

2. 汽车整车维护双人快保操作规范－车辆举升位置 2

(1)技师 A 操作步骤

1)收起车轮挡块。如图 5-1-55 所示,收起车轮挡块。如果地面有污物、油水等需要先清洁。

2)安装举升机垫块。如图 5-1-56 所示,安装已收起车轮挡块一侧的举升机垫块。

图 5-1-55 收起车轮挡块　　　图 5-1-56 安装举升机垫块

3)发出可以举升信号。如图 5-1-57 所示,观察举升机垫块位置无误后大声向 B 技师发出可以举升信号。

4)再次检查举升机垫块。如图 5-1-58 所示,再次检查举升机垫块,确认无误后大声向 B 技师发出可继续举升信号,并随时注意举升情况。

图 5-1-57　发出可以举升信号　　　　　图 5-1-58　再次检查举升机垫块

5)举升车辆到工作高度。如图 5-1-59 所示,两位技师分别在前后保险杠或翼子板处采用下压方式检查车辆支撑是否牢靠,确认正常后举升车辆到合适的工作高度。

6)排放发动机机油,如图 5-1-60 所示。

①将机油回收桶放在放油螺塞处。

②使用套筒扳手旋松放油螺塞,排放发动机机油。

 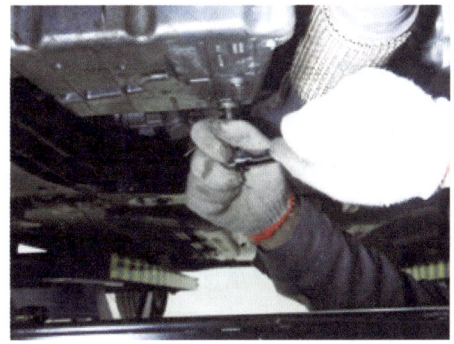

图 5-1-59　检查车辆支撑牢固情况　　　　图 5-1-60　排放发动机机油

▶ **提示**　对于机油滤清器安装在发动机下方的车型,应同时更换机油滤清器。请参照本书更换机油滤清器相关的内容。

7)检查底盘左侧机构。如图 5-1-61 所示,利用等待机油排放的时间,检查底盘左侧驱动轴、制动管、连杆、拉杆等机构。

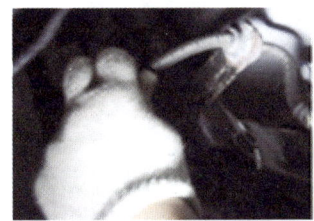 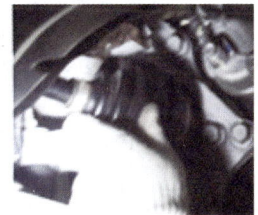 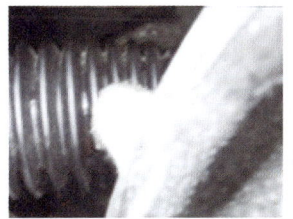 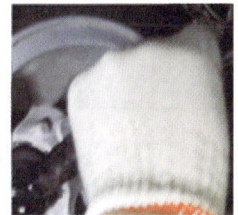

图 5-1-61　检查底盘左侧机构

①检查左驱动轴外侧护套有无泄漏、裂纹或损坏。

②检查制动管及接头有无泄漏及有无扭结、磨损、腐蚀或其他损坏。

③检查稳定杆左侧连杆、左转向横拉杆防尘罩有无松旷、变形、裂纹、漏油或其他损坏。

8）检查散热器。如图 5-1-62 所示，检查散热器有无泄漏、脏污、变形或损坏。

9）安装放油螺塞，如图 5-1-63 所示。

①更换放油螺塞密封件，注意安装新密封圈时要涂抹机油。

②安装放油螺塞，放油螺塞拧紧力矩为 14N·m。

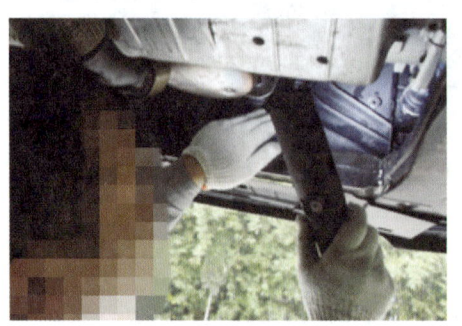 

图 5-1-62　检查散热器　　　　　　　图 5-1-63　安装放油螺塞

（2）技师 B 操作步骤

▶ **提示**　与 A 技师相同的操作步骤，请参照 A 技师相关的内容。

1）安装举升机垫块。收起另一侧车轮挡块，安装另一侧举升机垫块。

2）发出举升机举升信号。

①大声向 A 技师发出是否可以举升信号，得到明确答复开始举升。

②举升车辆至垫块接触车辆。

③检查同侧举升机垫块接触情况。

3）继续举升车辆至离地 10cm。

①得到 A 技师明确举升信号后举升车辆至离地 10cm。

②与 A 技师一前一后按压车辆确认是否可靠。

4）举升车辆至合适工作高度并锁止，如图 5-1-64 所示。

①得到 A 技师明确信号后，继续举升车辆至工作高度。

②锁止举升机。

5）检查机油泄漏。如图 5-1-65 所示，检查机油滤清器及油底壳放油螺塞有无泄漏。

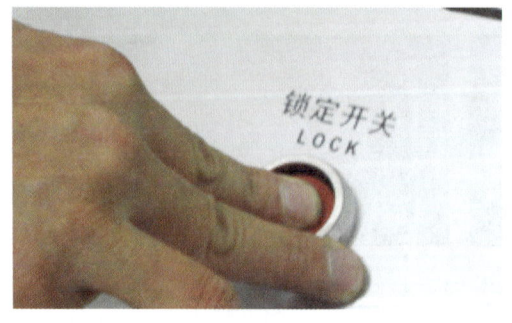 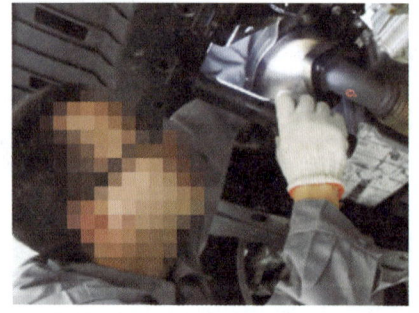

图 5-1-64　举升车辆至工作高度并锁止　　　　图 5-1-65　检查机油泄漏

6）检查油封处有无泄漏。如图 5-1-66 所示，检查曲轴前后油封、变速器油封有无泄漏。

7）检查接合面处有无泄漏。如图 5-1-67 所示，检查发动机各部位的接合面，包括油底壳密封垫、缸盖密封垫有无泄漏。

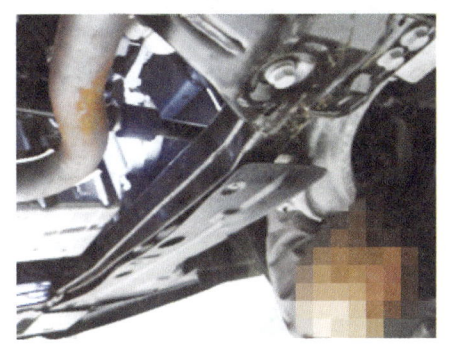
图 5-1-66 检查油封处有无泄漏

图 5-1-67 检查接合面处有无泄漏

8）检查排气系统，如图 5-1-68 所示。
①检查三元催化器、排气管、消声器有无凹陷、刮伤、腐蚀或其他损坏。
②检查排气系统各密封垫片有无泄漏。
③检查排气管、消声器的吊挂有无裂纹、损坏或脱落。

9）检查两后减振器。如图 5-1-69 所示，检查左后减振器与右后减振器有无漏油、变形、刮伤或其他损坏。

图 5-1-68 检查排气系统

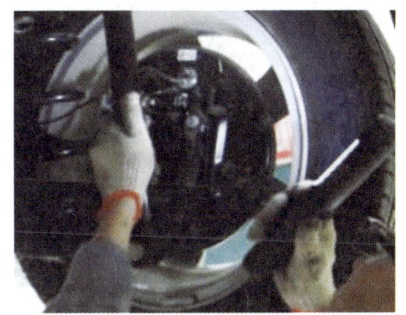
图 5-1-69 检查两后减振器

10）检查底盘制动管路和燃油管路。如图 5-1-70 所示，检查底盘的燃油管及接头、制动管及接头有无泄漏，燃油管、制动管的安装情况及有无扭结、磨损、腐蚀或其他损坏。

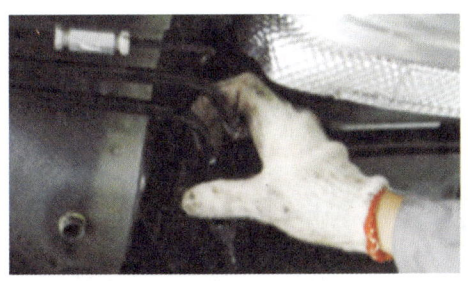

图 5-1-70 检查底盘制动管路和燃油管路

11）检查底盘右侧机构。如图 5-1-71 所示，利用等待机油排放的时间，检查底盘右侧驱动轴、制动管、连杆、拉杆等机构。

 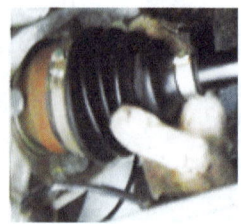  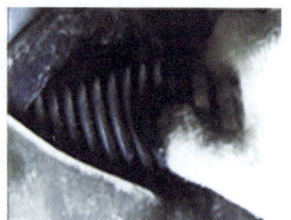

图 5-1-71　检查底盘右侧机构

①检查右驱动轴外侧护套有无泄漏、裂纹或损坏。
②检查制动管及接头有无泄漏及有无扭结、磨损、腐蚀或其他损坏。
③检查稳定杆右侧连杆、左转向横拉杆防尘罩有无松旷、变形、裂纹、漏油或其他损坏。

12）紧固底盘螺栓，如图 5-1-72 所示。

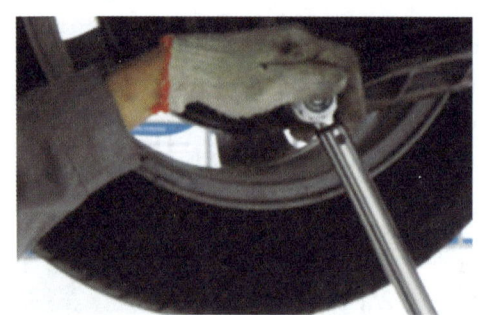 

图 5-1-72　紧固底盘螺栓

①紧固后桥托架内侧与车身连接螺栓，拧紧力矩 90N·m。
②紧固左后减振器与右后减振器下螺栓，拧紧力矩 150N·m。
③紧固前副车架与车身连接螺栓，拧紧力矩 100N·m。

任务二　汽车整车维护双人快保操作规范（下）

情境导入

情境描述

一辆一汽大众迈腾 B8 进店做定期维护。你的主管要求你和组员必须按照双人快保的标准规范步骤来操作，你能完成吗？

情境提示

双人快保是汽车 4S 店及综合维修企业都在推行的一种整车维护项目操作方法，可以提高工作效率及客户满意度。

项目五 汽车整车维护操作规范

学习目标

知识目标

1. 能描述汽车整车维护项目双人快保操作方法的优越性和操作内容。
2. 能描述双人快保各个车辆举升位置的工作内容。

技能目标

1. 能根据双人快保操作规范执行整车维护（举升位置3）。
2. 能根据双人快保操作规范执行整车维护（举升位置4）。
3. 能根据双人快保操作规范执行整车维护（举升位置5）。
4. 能根据双人快保操作规范执行整车维护（举升位置6）。

一 基本知识

参照"任务一"的内容。

二 基本技能

> **注意** 请按举升机使用规范及车辆防护标准操作。

1. 汽车整车维护双人快保操作规范－车辆举升位置3

（1）技师A操作步骤

1）下降举升机，如图5-2-1所示。
①大声发出可以下降举升机信号。
②观察举升机下降过程，下降到便于拆卸车轮高度时大声发出停止下降信号。

2）检查左前、左后车轮。如图5-2-2所示，检查车轮轴承有无松旷和异响。

图5-2-1 下降举升机

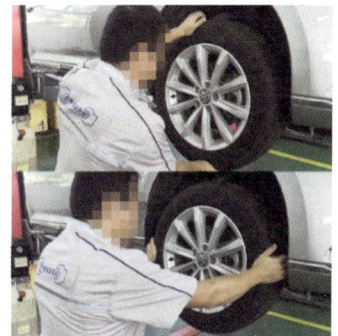
图5-2-2 检查左后车轮

3）拆卸左前、左后车轮，如图5-2-3所示。
①拆下左前、左后车轮总成。
②检查气动扳手旋转方向和扭力大小。
③注意应对角分次旋下车轮螺栓。
④拆卸的车轮按顺序放在轮胎架上。

4）检查左前、左后制动器，如图 5-2-4 所示。

图 5-2-3　拆卸左后车轮　　　图 5-2-4　检查制动器

▶ **提示**　以一汽大众迈腾 B8 盘式制动器为例，鼓式制动器或其他车型请参照相关的维修手册。

①检查制动轮缸有无漏油、裂纹和损坏。
②检查制动蹄片有无严重锈蚀、变形、卡滞、裂纹、缺损和油污。
③必要时进行更换、清洁和润滑。

5）测量左前、左后制动器摩擦片厚度。如图 5-2-5、图 5-2-6 所示，测量前部、后部制动器摩擦片厚度 a，使用极限为 2.0mm（不含背板），记录制动摩擦片厚度，低于使用极限应要求更换。

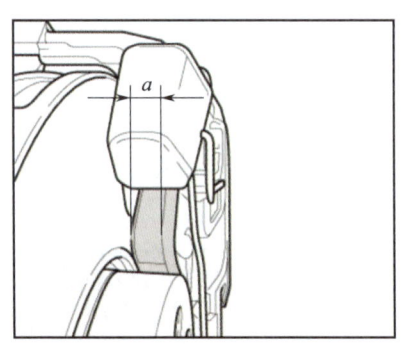
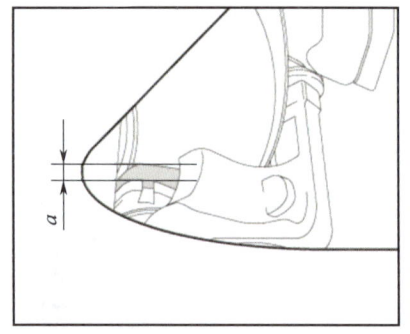

图 5-2-5　测量前部制动器摩擦片厚度　　　图 5-2-6　测量后部制动器摩擦片厚度

6）安装左前、左后车轮并对角预紧固螺栓。

▶ **提示**　根据检查结果确定车轮交叉换位，或建议更换损坏轮胎。

（2）技师 B 操作步骤

▶ **提示**　与 A 技师相同的操作步骤，请参照 A 技师相关的内容。

1）下降举升机。
①得到 A 技师的可以下降举升机信号后，开始按压举升机下降开关。
②观察整个下降过程，得到 A 技师的下降停止信号后停止下降，并锁止举升机。

2）检查右前、右后车轮。
3）拆卸右前、右后车轮。

4)检查右前、右后制动器。
5)测量右前、右后制动器摩擦片厚度。
6)安装右前、右后车轮并对角预紧固螺栓。

2. 汽车整车维护双人快保操作规范 – 车辆举升位置 4

(1)技师 A 操作步骤

1)下降举升机。
①向 B 技师大声发出可以下降举升机信号。
②观察整个下降过程,当车轮接触地面后大声向 B 技师发出停止下降信号。
2)车辆制动。
①确认车辆驻车制动,变速杆置于 P 位。
②安装车轮挡块。
3)尾气处理。插好尾气排放管。
4)更换空气滤清器,如图 5-2-7 所示。
①对角分次旋下空气滤清器外壳螺栓。
②更换空气滤清器芯,检查空气滤清器的型号是否一致。
③检查并清洁空气滤清器外壳。
④对角分两次旋上空气滤清器外壳螺栓。
5)紧固车轮螺栓。分次对角紧固车轮螺栓,紧固力矩规定为 120~140N·m。
6)驻车制动器调整。如图 5-2-8 所示,对于采用鼓式制动器及驻车制动可以调节的车型,两位技师合作进行驻车制动器调整,确认制动和释放都正常。

图 5-2-7 更换空气滤清器

图 5-2-8 驻车制动器调整

7)起动发动机并暖机。
8)检查驾驶员车门玻璃主控制开关。如图 5-2-9 所示,检查主控制开关玻璃升降功能的工作情况。
9)为测量蓄电池输出电压做准备。如图 5-2-10 所示,测量蓄电池有负荷输出电压(充电)前,需打开大功率用电器并工作一段时间,如前照灯等。
10)检查空调功能,如图 5-2-11 所示。
①检查制冷系统能否工作。
②检查各档位风速调节,每个档位检查时,中间需有停顿,以使风量稳定。

图 5-2-9 检查车门玻璃主控制开关

 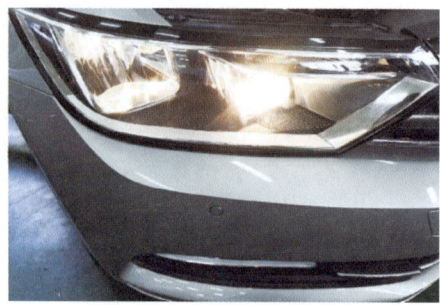

图 5-2-10　为测量蓄电池输出电压做准备

③检查风向切换功能,注意各风道相互之间应不窜风。

11)检查后视镜。如图 5-2-12 所示,检查左、右后视镜的调整功能。

12)完全释放驻车制动。

图 5-2-11　检查空调功能　　　　图 5-2-12　检查后视镜

(2)技师 B 操作步骤

1)下降举升机。

①根据技师 A 的信号提示操作举升机。

②观察整个下降过程。

2)更换机油滤清器,加注机油。如图 5-2-13、图 5-2-14 所示,对于机油滤清器安装在发动机上方的车型(例如迈腾 B8、奥迪),更换机油滤清器滤芯,同时加注机油。

图 5-2-13　更换机油滤清器滤芯　　　　图 5-2-14　加注机油

➤ 提示　对于机油滤清器安装在发动机下方的车型,在"车辆举升位置 2"更换机油滤清器。机油滤清器更换及机油加注步骤,请参照本书相关的内容。

➤ 提示　以一汽大众迈腾 B8 为例,标准机油加注量为 4.5L,由于排放机油时不能完全排放干净,实际加注量都少于 4.5L。注意机油的加注量应填写在发动机机油更换记录表中本次更换里程,下次更换里程增加 7500km、机油型号与级别、标准加注量。

3)驻车制动器调整。对于采用鼓式制动器及驻车制动可以调节的车型,两位技师合作进行驻车制动器调整,确认制动和释放都正常。

4)测量蓄电池无负荷输出电压。如图 5-2-15 所示,测量蓄电池无负荷输出电压,注意测量前需要校准万用表,并在工单上进行记录。

5)检查各车门玻璃升降器工作情况,如图 5-2-16 所示。

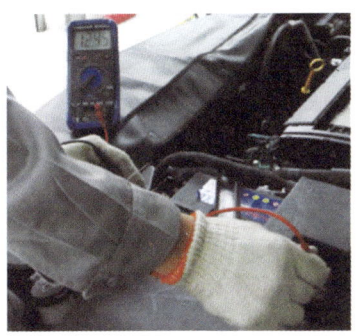 

图 5-2-15　测量无负荷输出电压　　　　图 5-2-16　检查车门玻璃升降器

6)测量蓄电池有负荷输出(充电)电压。如图 5-2-17 所示,测量时需要保持发动机转速为 2000r/min,并在工单上进行记录。

7)检查尾气排放,如图 5-2-18 所示。
①将尾气分析仪取样管插入排气管到位,取样管插入深度应大于 400mm。
②根据尾气分析仪的提示进行尾气检测。
③检测完成后收起取样管,并记录检测数据。

> **提示**　尾气检测标准数据参照国六排放标准。

 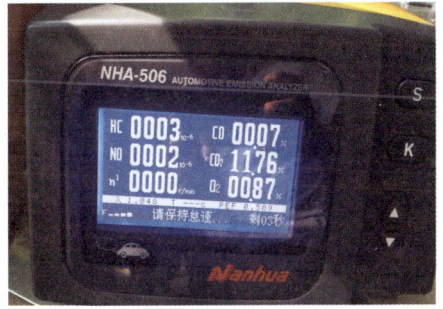

图 5-2-17　测量有负荷输出电压　　　　图 5-2-18　检查尾气排放

3. 汽车整车维护双人快保操作规范 - 车辆举升位置 5

> **提示**　与其他举升位置相同的操作步骤,详细操作请参照相关的内容。

(1)技师 A 操作步骤

1)检查举升机垫块(左侧)。
2)发出可以举升信号。观察举升机垫块无误后,大声向 B 技师发出可以举升信号。
3)检查车辆支撑牢固情况。

4）检查制动系统，如图 5-2-19 所示。
①检查制动液有无泄漏。
②检查左侧前后车轮转动是否灵活。

（2）技师 B 操作步骤

1）检查举升机垫块（右侧）。
2）发出举升机举升信号。大声向 A 技师发出是否可以举升信号，得到明确答复按下举升按钮，开始举升车辆。
3）举升车辆至垫块刚接触车辆，检查同侧举升机垫块接触情况。
4）继续举升车辆至离地 10cm。
①得到 A 技师明确举升信号后举升车辆至离地 10cm。
②与 A 技师一前一后按压车辆确认是否可靠。
5）举升车辆至工作高度并锁止。
6）检查有无油液泄漏，如图 5-2-20 所示。
①检查冷却液有无泄漏。
②检查发动机机油有无泄漏。

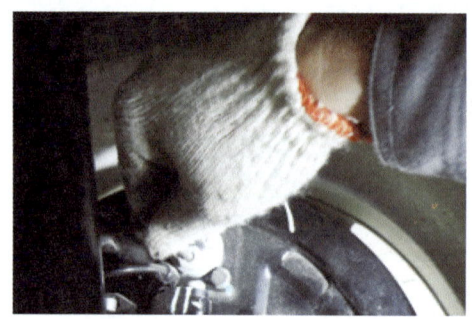 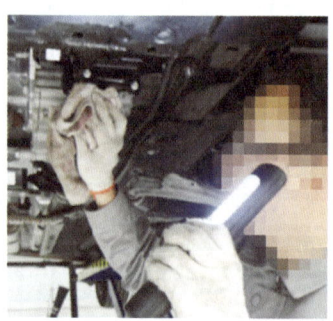

图 5-2-19　检查制动系统　　　图 5-2-20　检查有无油液泄漏

4. 汽车整车维护双人快保操作规范－车辆举升位置 6

（1）技师 A 操作步骤

1）下降举升机。
①向 B 技师大声发出可以下降举升机信号。
②观察整个下降过程，当车轮完全落地后大声向 B 技师发出停止下降信号。
2）车辆制动。
①确认车辆驻车制动，变速杆置于 P 位。
②安装车轮挡块。
3）关闭尾气分析仪并清洁归位。
4）清洁车辆内部。如图 5-2-21 所示，清洁车辆内部，包括烟灰缸等车内可能出现杂物的位置。
5）收起车内防护三件套。如图 5-2-22 所示，收起座椅套、地板垫、转向盘套。
6）完成 5S 管理规范。根据 5S 管理规范，两位技师合作清洁工量具并归位、清洁车辆外部、清洁地面。

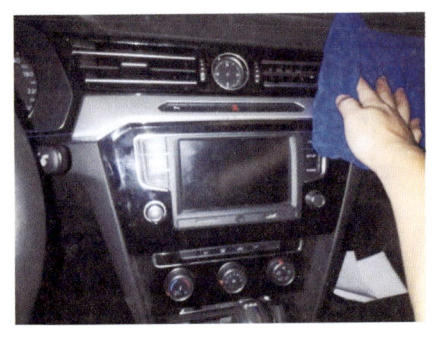

图 5-2-21 清洁车辆内部

图 5-2-22 收三件套

（2）技师 B 操作步骤

1）下降举升机。

①根据技师 A 的信号提示操作举升机。

②观察整个下降过程。

③安装车轮挡块。

2）检查油液，如图 5-2-23 所示。

①检查冷却液液位，必要时调整。

②检查发动机机油液位，液位要位于机油尺的上限位置，必要时调整。

3）收起翼子板布和前格栅布。如图 5-2-24 所示，收起翼子板布和前格栅布并归位。

图 5-2-23 检查油液

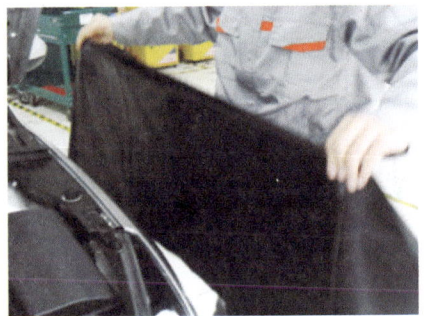

图 5-2-24 收起翼子板布和前格栅布

4）完成 5S 管理规范。根据 5S 管理规范，两位技师合作清洁工量具并归位、清洁车辆外部、清洁地面。

参 考 文 献

[1] 周乐山,于占明.汽车维护与保养[M].北京:北京师范大学出版社,2012.

[2] 丛晓英.汽车维护与检验[M].上海:同济大学出版社,2010.

[3] 李东江.基于技能大赛的汽车维修技能实训教程[M].南京:江苏教育出版社,2011.

[4] 丰田汽车公司.汽车维修教程(第2级)[M].北京:高等教育出版社,2008.

浙江省普通高校"十三五"新形态教材

高等职业教育汽车类专业创新教材

汽车维护与保养实训工单

苏占华 吴荣辉 主编

班　级：_____

姓　名：_____

学　号：_____

指导老师：_____

目录 Contents

项目一
汽车维护基础认知 ...001

任务工单一　汽车维护技师岗位认知 ...001
任务工单二　汽车维修企业 5S 现场管理 ...005
任务工单三　汽车举升机规范操作 ...009
任务工单四　汽车基本防护和安全检查 ...014

项目二
汽车油液与滤清器检查及更换 ...019

任务工单一　发动机油液与滤清器检查及更换 ...019
任务工单二　底盘油液检查及更换 ...023
任务工单三　空调滤清器与制冷剂检查及更换 ...027

项目三
车轮与轮胎检查、调整及更换 ...032

任务工单一　车轮与轮胎检查、换位及更换 ...032
任务工单二　车轮动平衡、车轮定位检查及调整 ...036

项目四
电源与起动系统检查及更换 ...041

任务工单一　电源系统检查及蓄电池、发电机更换 ...041
任务工单二　起动系统检查及起动机更换 ...045

项目五
汽车整车维护操作规范 ...049

任务工单一　汽车整车维护双人快保操作规范（上）...049
任务工单二　汽车整车维护双人快保操作规范（下）...053

项目一 汽车维护基础认知

任务工单一 汽车维护技师岗位认知

学生姓名		班　级		学　号	
实训场地		学　时		日　期	

➡ 技能操作

一、工作任务

项目1：汽车维修从业人员的职业素养认知

项目2：汽车维护技师的主要工作内容认知

请根据任务要求，确定所需要的场地和物品，并对小组成员进行合理分工，制订详细的工作计划。

二、准备工作

落实安全要求，检查及记录完成任务需要的场地、设备、工具及材料。

1. 安全要求及注意事项

请认真阅读以下内容：

（1）实训车辆停在指定工位上，未经过老师批准不准起动，经老师批准起动，应先检查车轮的安全顶块是否放好，驻车制动是否拉好，变速杆是否放在P位（A/T）或空档（M/T），车前车后没有人在操作。

（2）发动机运行时不能把手伸入，防止造成意外事故。

（3）没有经过老师批准不允许随意连接或拔下电控元器件。

（4）点火开关接通时，不允许连接或拔下电控系统元器件的插接器。

（5）蓄电池的极性不能接反，否则将烧毁ECU与电子元器件。

（6）禁止使用起动电源辅助起动发动机，防止损坏电控系统部件。

（7）禁止触碰任何带安全警示标志的部件。

（8）实训期间严禁嬉戏打闹。

2. 场地检查

检查工作场地是否清洁及是否存在安全隐患，如不正常，请汇报老师并及时处理。

3. 车辆、台架、总成、部件检查（需要/正常打√；不需要/不正常打×）
□整车（一汽大众迈腾整车/丰田卡罗拉，或其他同类车辆）

4. 设备及工具检查（需要/正常打√；不需要/不正常打×）
个人防护装备：□常规实训工装　□手套　□劳保鞋　□其他装备
车辆防护装备：□翼子板布　□前格栅布　□地板垫　□座椅套
　　　　　　　□转向盘套　□灭火器
设备及拆装工具：□举升机　□发动机吊机　□变速器托架　□抽排气系统
　　　　　　　　□燃油压力表　□故障诊断仪　□示波器　□数字万用表
　　　　　　　　□红外测温仪　□LED试灯　□拆装工具　□其他设备工具

5. 其他材料检查（需要/正常打√；不需要/不正常打×）
材料：□抹布　□绝缘胶布　□发动机机油　□齿轮油　□冷却液　□其他材料
检查异常记录：_____

三、操作流程

根据制订的计划实施，完成以下任务并记录。

项目1：汽车维修从业人员的职业素养认知

（1）保持职业化的形象
　　　你能做到吗？_____
（2）做好车辆防护
　　　你能做到吗？_____
（3）保持车间整洁有序
　　　你能做到吗？_____
（4）确保安全生产
　　　你能做到吗？_____
（5）制订工作计划和工作准备
　　　你能做到吗？_____
（6）快速、可靠的工作
　　　你能做到吗？_____
（7）按时完成
　　　你能做到吗？_____
（8）工作完成后检查
　　　你能做到吗？_____
（9）保存旧零件
　　　你能做到吗？_____
（10）后续工作
　　　你能做到吗？_____
　　　其他记录：_____

项目2：汽车维护技师的主要工作内容认知

通过视频或现场参观维修服务企业（门店）的车间，根据维护技师的岗位职责，以及车辆维护技术要求，对汽车维护技师的主要工作内容（形式）有初步的认知。

（1）操作检查

工作内容记录：_____

（2）目视检查

工作内容记录：_____

（3）零件更换

工作内容记录：_____

（4）螺栓紧固

工作内容记录：_____

（5）液位检查

工作内容记录：_____

（6）其他检查及操作

工作内容记录：_____

其他记录：_____

任务评价

一、自我评估

1. 判断题

（1）汽车的定期维护可以保持汽车技术状况良好，延长汽车的使用寿命。

（　　）

（2）汽车的日常维护是由维护技师负责执行的车辆维护作业。（　　）

（3）定期维护的周期要根据汽车的类型、结构、行驶条件、所使用的燃料和润滑油料的品质及保养质量等因素相应变化。（　　）

（4）汽车维修（维护）技师不得携带可能损伤车辆的尖锐物品。（　　）

（5）只有汽车生产厂家指定4S店的维护技师才能进行汽车维护工作。（　　）

2. 单项选择题

（1）目前我国汽车维修企业所执行的标准是（　　）。

A. GB/T 18344—2006　　　　B. GB/T 18344—2016

C. 汽车厂家制订的标准　　　　D. 维修企业制订的标准

（2）我国目前汽车维护的等级划分为（　　）。

A. 日常维护、一级维护、二级维护　　B. 一级维护、二级维护、三级维护

C. 首次维护、其他间隔维护　　　　　D. A级维护、B级维护

（3）一汽丰田卡罗拉的首次维护（首保）是（　　）。

A. 3000km/1个月　　　　　B. 5000km/3个月

C. 7500km/6个月　　　　　D. 10000km/6个月

（4）汽车维护工作中，应注意车辆的防护，以下不属于车辆防护用品的是（　　）。
　　A. 地板垫、座椅套　　　　　　B. 转向盘套
　　C. 翼子板布、前格栅布　　　　D. 手套
（5）以下属于汽车维护技师工作内容的是（　　）。
　　A. 操作检查、目视检查　　　　B. 零件更换、螺栓紧固
　　C. 液位检查　　　　　　　　　D. 以上都是

二、自我评价

1. 通过本任务的学习，对照本任务的学习目标，你认为你是否已经掌握学习目标？
   知识目标：（　　）
   A. 掌握　　　　B. 部分掌握　　　　C. 未掌握
   说明：_____
   技能目标：（　　）
   A. 掌握　　　　B. 部分掌握　　　　C. 未掌握
   说明：_____
2. 你是否积极学习，不会的内容积极向别人请教，会的内容积极帮助他人学习？（　　）
   A. 积极学习　　B. 积极请教　　C. 积极帮助他人　　D. 三者均不积极
3. 工具设备和零件有没有落地现象发生，有无保持作业现场的清洁？（　　）
   A. 无落地且场地清洁　　　　B. 有颗粒落地
   C. 保持作业环境清洁　　　　D. 未保持作业现场的清洁
4. 实施过程中是否注意操作质量和有责任心？（　　）
   A. 注意质量，有责任心　　　B. 不注意质量，有责任心
   C. 注意质量，无责任心　　　D. 全无
5. 在操作过程中是否注意清除隐患，在有安全隐患时是否提示其他同学？（　　）
   A. 注意，提示　　　　　　　B. 不注意，未提示

学生签名：_____
____年____月____日

三、教师评价及反馈

参照知识学习和技能操作的结果，评价学生本次工作任务的成绩。
请在 □ 上打 ✓：□ 不合格　□ 合格　□ 良好　□ 优秀
说明：_____
_____

教师签名：_____
____年____月____日

任务工单二　汽车维修企业 5S 现场管理

学生姓名		班　　级		学　　号	
实训场地		学　　时		日　　期	

▶ 技能操作

一、工作任务

项目 1：汽车维修企业推行 5S 管理重要性认知
项目 2：汽车维修车间 5S 管理的实施

请根据任务要求，确定所需要的场地和物品，并对小组成员进行合理分工，制订详细的工作计划。

二、准备工作

落实安全要求，检查及记录完成任务需要的场地、设备、工具及材料。

1. 安全要求及注意事项

请认真阅读以下内容：
（1）实训车辆停在指定工位上，未经过老师批准不准起动，经老师批准起动，应先检查车轮的安全顶块是否放好，驻车制动是否拉好，变速杆是否放在 P 位（A/T）或空档（M/T），车前车后没有人在操作。
（2）发动机运行时不能把手伸入，防止造成意外事故。
（3）没有经过老师批准不允许随意连接或拔下电控元器件。
（4）点火开关接通时，不允许连接或拔下电控系统元器件的插接器。
（5）蓄电池的极性不能接反，否则将烧毁 ECU 与电子元器件。
（6）禁止使用起动电源辅助起动发动机，防止损坏电控系统部件。
（7）禁止触碰任何带安全警示标志的部件。
（8）实训期间严禁嬉戏打闹。

2. 场地检查

检查工作场地是否清洁及是否存在安全隐患，如不正常，请汇报老师并及时处理。

3. 车辆、台架、总成、部件检查（需要 / 正常打 √；不需要 / 不正常打 ×）

□整车（一汽大众迈腾整车 / 丰田卡罗拉，或其他同类车辆）

4. 设备及工具检查（需要/正常打√；不需要/不正常打×）

个人防护装备：□常规实训工装　□手套　□劳保鞋　□其他装备
车辆防护装备：□翼子板布　□前格栅布　□地板垫　□座椅套　□转向盘套
　　　　　　　□灭火器
设备及拆装工具：□举升机　□发动机吊机　□变速器托架　□抽排气系统
　　　　　　　□燃油压力表　□故障诊断仪　□示波器　□数字万用表
　　　　　　　□红外测温仪　□LED 试灯　□拆装工具　□其他设备工具

5. 其他材料检查（需要/正常打√；不需要/不正常打×）

材料：□抹布　□绝缘胶布　□发动机机油　□齿轮油　□冷却液　□其他材料
检查异常记录：_____

三、操作流程

根据制订的计划实施，完成以下任务并记录。

项目 1：汽车维修企业推行 5S 管理重要性认知

根据"基本知识"学习的内容，结合不同的汽车维修企业（门店）现场参观，讨论汽车维修企业推行 5S 管理的重要性。

讨论记录：_____

_____

项目 2：汽车维修车间 5S 管理的实施

现场对维修车间（实训室）进行 5S 操作。

（1）整理

　　记录（整理车间设备工具）：_____

（2）整顿

　　记录（整顿工具车）：_____

（3）清扫

　　记录（清扫场地，擦拭设备工具）：_____

（4）清洁

　　记录（保持车间清洁）：_____

（5）素养

　　记录（提升职业素养）：_____

（6）安全

　　记录（消除安全隐患）：_____

（7）节约

　　记录（节约的措施）：_____

　　其他记录：_____

任务评价

一、自我评估

1. 判断题

（1）5S 就是经常组织全体员工进行大扫除。（   ）
（2）5S 管理适用于任何企业，特别是生产型企业的现场规范管理。（   ）
（3）素养就是要求员工必须穿戴整齐，彬彬有礼。（   ）
（4）5S 管理是通过由下而上的推行手段，首先要面对的是一线的员工。（   ）
（5）安全就是消除工作中的一切不安全因素，杜绝一切不安全现象。（   ）

2. 单项选择题

（1）以下不属于 5S 内容的是（   ）。
  A. 整理　　　　　B. 整顿　　　　　C. 打扫　　　　　D. 素养
（2）6S 是在 5S 的基础上增加（   ）。
  A. 安全　　　　　B. 节约　　　　　C. 习惯化　　　　D. 服务
（3）"使工作场地内所有物品保持干净，使设备处于完全正常的状态，以便随时可以使用。"这属于 5S 中哪个环节的内容（   ）。
  A. 整理　　　　　B. 整顿　　　　　C. 清扫　　　　　D. 清洁
（4）在 5S 实施过程中，不必需的设备、工具、零部件应当（   ）。
  A. 自己保管　　　　　　　　　　B. 交给设备管理员
  C. 坚决丢弃　　　　　　　　　　D. 变卖
（5）5S 能够长期坚持下去，你认为最关键的环节是（   ）。
  A. 整理　　　　　B. 安全　　　　　C. 节约　　　　　D. 素养

二、自我评价

1. 通过本任务的学习，对照本任务的学习目标，你认为你是否已经掌握学习目标？

  知识目标：（   ）
  A. 掌握　　　　　B. 部分掌握　　　　C. 未掌握
  说明：_____

  技能目标：（   ）
  A. 掌握　　　　　B. 部分掌握　　　　C. 未掌握
  说明：_____

2. 你是否积极学习，不会的内容积极向别人请教，会的内容积极帮助他人学习？（   ）
  A. 积极学习　　　　　　　　　　B. 积极请教
  C. 积极帮助他人　　　　　　　　D. 三者均不积极

3. 工具设备和零件有没有落地现象发生，有无保持作业现场的清洁？（   ）
  A. 无落地且场地清洁　　　　　　B. 有颗粒落地
  C. 保持作业环境清洁　　　　　　D. 未保持作业现场的清洁

4. 实施过程中是否注意操作质量和有责任心？（　　）
   A. 注意质量，有责任心　　　　B. 不注意质量，有责任心
   C. 注意质量，无责任心　　　　D. 全无
5. 在操作过程中是否注意清除隐患，在有安全隐患时是否提示其他同学？（　　）
   A. 注意，提示　　　　　　　　B. 不注意，未提示

学生签名：_____

____年____月____日

三、教师评价及反馈

参照知识学习和技能操作的结果，评价学生本次工作任务的成绩。

请在 □ 上打 ✓：□ 不合格　□ 合格　□ 良好　□ 优秀

说明：_____

_____

教师签名：_____

____年____月____日

任务工单三　汽车举升机规范操作

学生姓名		班　　级		学　　号	
实训场地		学　　时		日　　期	

技能操作

一、工作任务

项目1：举升机操作注意事项认知

项目2：举升机举升车辆的规范操作

请根据任务要求，确定所需要的场地和物品，并对小组成员进行合理分工，制订详细的工作计划。

二、准备工作

落实安全要求，检查及记录完成任务需要的场地、设备、工具及材料。

1. 安全要求及注意事项

请认真阅读以下内容：

（1）实训车辆停在指定工位上，未经过老师批准不准起动，经老师批准起动，应先检查车轮的安全顶块是否放好，驻车制动是否拉好，变速杆是否放在P位（A/T）或空档（M/T），车前车后没有人在操作。

（2）发动机运行时不能把手伸入，防止造成意外事故。

（3）没有经过老师批准不允许随意连接或拔下电控元器件。

（4）点火开关接通时，不允许连接或拔下电控系统元器件的插接器。

（5）蓄电池的极性不能接反，否则将烧毁ECU与电子元器件。

（6）禁止使用起动电源辅助起动发动机，防止损坏电控系统部件。

（7）禁止触碰任何带安全警示标志的部件。

（8）实训期间严禁嬉戏打闹。

2. 场地检查

检查工作场地是否清洁及是否存在安全隐患，如不正常，请汇报老师并及时处理。

3. 车辆、台架、总成、部件检查（需要/正常打√；不需要/不正常打×）

□整车（一汽大众迈腾整车/丰田卡罗拉，或其他同类车辆）

4. 设备及工具检查（需要/正常打√；不需要/不正常打×）

个人防护装备：□常规实训工装　　□手套　　□劳保鞋　　□其他装备

车辆防护装备：□翼子板布　□前格栅布　□地板垫　□座椅套　□转向盘套
　　　　　　　□灭火器
设备及拆装工具：□举升机　□发动机吊机　□变速器托架　□抽排气系统
　　　　　　　　□拆装工具　□燃油压力表　□故障诊断仪　□示波器
　　　　　　　　□数字万用表　□红外测温仪　□LED试灯　□其他设备工具

5. 其他材料检查（需要/正常打√；不需要/不正常打×）

材料：□抹布　□绝缘胶布　□发动机机油　□齿轮油　□冷却液　□其他材料
检查异常记录：_____

三、操作流程

根据制订的计划实施，完成以下任务并记录。

项目1：举升机操作注意事项认知

根据"基本知识"学习的内容，进行汽车维修企业（门店）车间现场参观，认识各种类型的举升机，阅读举升机上的"操作注意事项"或"操作说明书"，讨论举升机安全操作的重要性。

　　讨论记录：_____
　　_____

项目2：举升机举升车辆的规范操作

根据"基本技能"的操作步骤，进行车辆举升规范操作。

（1）将车辆停放在举升机位
　　　操作记录：_____
（2）放置车轮挡块
　　　操作记录：_____
（3）安装三件套
　　　操作记录：_____
（4）拉紧驻车制动器
　　　操作记录：_____
（5）取出大件行李物品
　　　操作记录：_____
（6）安装举升机支撑垫块
　　　操作记录：_____
（7）发出举升机准备举升的信号
　　　操作记录：_____
（8）发出举升机可以举升信号
　　　操作记录：_____
（9）操作举升机，垫块即将接触支撑位置
　　　操作记录：_____

（10）举升车辆至车轮刚离开地面 10cm
    操作记录：_____
（11）检查车辆支撑牢靠情况
    操作记录：_____
（12）取出车轮挡块
    操作记录：_____
（13）举升车辆至工作位置
    操作记录：_____
（14）举升机安全锁止
    操作记录：_____
（15）发出准备降下举升机信号
    操作记录：_____
（16）发出举升机可以下降信号
    操作记录：_____
（17）将车辆完全降下
    操作记录：_____
（18）安装车轮挡块
    操作记录：_____
（19）取出举升机支撑垫块
    操作记录：_____
（20）将大件行李物品放回行李舱
    操作记录：_____
（21）收起车内防护三件套
    操作记录：_____
（22）收起车轮挡块
    操作记录：_____
（23）按 5S 规范操作
    操作记录：_____
    其他记录：_____

➡ 任务评价

一、自我评估

1. 判断题

（1）如果需要举升大型车辆，通常采用四柱举升机。　　　　　（　　）
（2）安装举升机支撑垫块时确保油箱、护板不被挤压。　　　　（　　）
（3）为了节约时间，车辆举升的过程中可在车下工作。　　　　（　　）
（4）车辆在举升之前要取出大件行李，确保重心稳定。　　　　（　　）

（5）由于举升机具有锁止功能，车辆可以长时停留在举升机上。　　　（　　）

2. 单项选择题

（1）以下不占用使用空间的举升机是（　　　）。
　　A. 普通双柱举升机　　　　　　　B. 双柱龙门举升机
　　C. 四柱举升机　　　　　　　　　D. 小剪式举升机

（2）配合四轮定位仪的最佳举升设备是（　　　）。
　　A. 普通双柱举升机　　　　　　　B. 双柱龙门举升机
　　C. 大剪式举升机　　　　　　　　D. 带二次举升的大剪式举升机

（3）以下说法不正确的是（　　　）。
　　A. 支撑车辆时，支撑臂四个支撑托盘应在同一平面上
　　B. 一旦车辆轮胎稍离地，要立即检查车辆支撑位置是否合适
　　C. 举升机举升和降落要尽量快
　　D. 切勿举升超过举升机举升重量极限的车辆

（4）以下说法不正确的是（　　　）。
　　A. 被举升的车辆不允许偏向任一侧或一端
　　B. 车轮挡块可放置在任意车轮的前后
　　C. 在未听到合作技师回应之前不得举升车辆，防止发生危险
　　D. 将举升机支撑垫块对准支撑位置后，即可举升车辆到工作位置

（5）适用于配合新能源汽车动力电池拆装举升设备使用的举升机是（　　　）。
　　A. 底板式双柱举升机　　　　　　B. 龙门举升机
　　C. 四柱举升机　　　　　　　　　D. 剪式举升机

二、自我评价

1. 通过本任务的学习，对照本任务的学习目标，你认为你是否已经掌握学习目标？

　　知识目标：（　　　）
　　A. 掌握　　　　　B. 部分掌握　　　　C. 未掌握
　　说明：＿＿＿＿＿＿＿＿＿＿＿＿＿＿＿＿＿＿＿＿＿＿＿＿＿＿＿＿

　　技能目标：（　　　）
　　A. 掌握　　　　　B. 部分掌握　　　　C. 未掌握
　　说明：＿＿＿＿＿＿＿＿＿＿＿＿＿＿＿＿＿＿＿＿＿＿＿＿＿＿＿＿

2. 你是否积极学习，不会的内容积极向别人请教，会的内容积极帮助他人学习？（　　　）
　　A. 积极学习　　　　　　　　　　B. 积极请教
　　C. 积极帮助他人　　　　　　　　D. 三者均不积极

3. 工具设备和零件有没有落地现象发生，有无保持作业现场的清洁？（　　　）
　　A. 无落地且场地清洁　　　　　　B. 有颗粒落地
　　C. 保持作业环境清洁　　　　　　D. 未保持作业现场的清洁

4. 实施过程中是否注意操作质量和有责任心？（　　　）
    A. 注意质量，有责任心　　　　　B. 不注意质量，有责任心
    C. 注意质量，无责任心　　　　　D. 全无
5. 在操作过程中是否注意清除隐患，在有安全隐患时是否提示其他同学？（　　　）
    A. 注意，提示　　　　　　　　　B. 不注意，未提示

学生签名：_____
____年____月____日

三、教师评价及反馈

参照知识学习和技能操作的结果，评价学生本次工作任务的成绩。

请在 □ 上打 ✓：□ 不合格　□ 合格　□ 良好　□ 优秀

说明：_____

_____

教师签名：_____
____年____月____日

任务工单四　汽车基本防护和安全检查

学生姓名		班　　级		学　　号	
实训场地		学　　时		日　　期	

➡ 技能操作

一、工作任务

项目1：汽车的基本防护

项目2：汽车的安全检查

请根据任务要求，确定所需要的场地和物品，并对小组成员进行合理分工，制订详细的工作计划。

二、准备工作

落实安全要求，检查及记录完成任务需要的场地、设备、工具及材料。

1. 安全要求及注意事项

请认真阅读以下内容：

（1）实训汽车停在指定工位上，未经过老师批准不准起动，经老师批准起动，应先检查车轮的安全顶块是否放好，驻车制动是否拉好，变速杆是否放在 P 位（A/T）或空档（M/T），车前车后没有人在操作。

（2）发动机运行时不能把手伸入，防止造成意外事故。

（3）没有经过老师批准不允许随意连接或拔下电控元器件。

（4）点火开关接通时，不允许连接或拔下电控系统元器件的插接器。

（5）蓄电池的极性不能接反，否则将烧毁 ECU 与电子元器件。

（6）禁止使用起动电源辅助起动发动机，防止损坏电控系统部件。

（7）禁止触碰任何带安全警示标志的部件。

（8）实训期间严禁嬉戏打闹。

2. 场地检查

检查工作场地是否清洁及是否存在安全隐患，如不正常，请汇报老师并及时处理。

3. 汽车、台架、总成、部件检查（需要 / 正常打√；不需要 / 不正常打 ×）

□整车（一汽大众迈腾整车 / 丰田卡罗拉，或其他同类汽车）

4. 设备及工具检查（需要 / 正常打√；不需要 / 不正常打 ×）

个人防护装备：□常规实训工装　□手套　□劳保鞋　□其他装备

车辆防护装备：□翼子板布　□前格栅布　□地板垫　□座椅套　□转向盘套
　　　　　　　□灭火器
设备及拆装工具：□举升机　□发动机吊机　□变速器托架　□抽排气系统
　　　　　　　　□燃油压力表　□故障诊断仪　□示波器　□数字万用表
　　　　　　　　□红外测温仪　□LED试灯　□拆装工具　□其他设备工具

5. 其他材料检查（需要/正常打√；不需要/不正常打×）

材料：□抹布　□绝缘胶布　□发动机机油　□齿轮油　□冷却液　□其他材料
检查异常记录：_____

三、操作流程

根据制订的计划实施，完成以下任务并记录。

项目1：汽车的基本防护

（1）汽车准备
　　　操作记录：_____
（2）将三件套放在驾驶员座椅上
　　　操作记录：_____
（3）铺设地板垫
　　　操作记录：_____
（4）安装转向盘套
　　　操作记录：_____
（5）安装座椅套
　　　操作记录：_____
（6）打开发动机舱盖
　　　操作记录：_____
（7）支撑发动机舱盖
　　　操作记录：_____
（8）放置翼子板布和前格栅布
　　　操作记录：_____
（9）安装汽车尾气抽气管
　　　操作记录：_____
（10）执行其他工作项目操作
　　　操作记录：_____
　　　其他记录（异常情况及其他说明）：_____

项目2：汽车的安全检查

提示：本操作项目只重点训练流程，具体检测项目在后续任务完成。

（1）发动机机油液位检查
　1）拔出油尺

2）检查液位标记

3）将油尺复位

4）拔出油尺观察油位

5）将油尺复位

检查结果及建议：_____

（2）其他油液位置检查

1）自动变速器油液位检查

2）冷却液液位检查

3）制动液液位检查

4）风窗玻璃清洗液液位检查

检查结果及建议：_____

（3）蓄电池检查

1）检查蓄电池的外观和接线柱，没有腐蚀、松动等其他损坏。

检查结果及建议：_____

2）蓄电池端电压、使用寿命检查。

蓄电池端电压：_____ 蓄电池使用寿命：_____

检查结果及建议：_____

（4）检查结果处理

1）根据施工单要求完成所有的检查项目。

2）填写工作单（全车检查单），根据服务流程反馈检查结果。

3）根据5S管理要求，做好车间5S工作。

操作记录：_____

其他记录（异常情况及其他说明）：_____

➡ 任务评价

一、自我评估

1. 判断题

（1）如果是简单的维护操作，不需要进行汽车的防护。　　　（　　）

（2）汽车基本防护包括车内防护和车外防护。　　　　　　　（　　）

（3）汽车安全检查只需要检查全车油液的液位和品质。　　　（　　）

（4）检查完成后，维护技师务必将检查结果记录到检查单。　（　　）

（5）检查各种油液位置时，应用手摇晃储液罐，这样会看得更清楚。（　　）

2. 单项选择题

（1）以下不属于车内防护三件套的是（　　）。

　　　A. 座椅套　　　　　　　　　　B. 地板垫

　　　C. 转向盘套　　　　　　　　　D. 前格栅垫布

（2）检查底盘油路、转向、悬架、驱动轴、排气管道时，举升机位置应该是（　　）。
　　A. 低位　　　　　　　　　　B. 中位
　　C. 高位　　　　　　　　　　D. 没有特殊要求
（3）以下说法不正确的是（　　）。
　　A. 对于检查中发现脏污、油液不足等，视情况为客户免费处理，并在检查单中注明
　　B. 由服务顾问告知客户结果（技术性强时维护技师配合解释）
　　C. 必须要求客户维修所有检查不合格的项目
　　D. 必须要求客户尽快维修安全相关的维修项目
（4）铺设三件套时，正确的顺序是（　　）。
　　A. 座椅套、转向盘套、地板垫
　　B. 地板垫、转向盘套、座椅套
　　C. 地板垫、座椅套、转向盘套
　　D. 转向盘套、座椅套、地板垫
（5）以下说法正确的是（　　）。
　　A. 所有的汽车维护操作必须采用尾气抽排装置
　　B. 新加的发动机机油液位应处于中间位置
　　C. 蓄电池检查是为了确保汽车不会因蓄电池亏电而不能起动
　　D. 汽车各种油液，一定要加满

二、自我评价

1. 通过本任务的学习，对照本任务的学习目标，你认为你是否已经掌握学习目标？
   知识目标：（　　）
   　　A. 掌握　　　　　B. 部分掌握　　　　　C. 未掌握
   说明：_____
   技能目标：（　　）
   　　A. 掌握　　　　　B. 部分掌握　　　　　C. 未掌握
   说明：_____
2. 你是否积极学习，不会的内容积极向别人请教，会的内容积极帮助他人学习？
   （　　）
   　　A. 积极学习　　　　　　　　B. 积极请教
   　　C. 积极帮助他人　　　　　　D. 三者均不积极
3. 工具设备和零件有没有落地现象发生，有无保持作业现场的清洁？（　　）
   　　A. 无落地且场地清洁　　　　B. 有颗粒落地
   　　C. 保持作业环境清洁　　　　D. 未保持作业现场的清洁
4. 实施过程中是否注意操作质量和有责任心？（　　）
   　　A. 注意质量，有责任心　　　B. 不注意质量，有责任心
   　　C. 注意质量，无责任心　　　D. 全无

5. 在操作过程中是否注意清除隐患，在有安全隐患时是否提示其他同学？（　　）

  A. 注意，提示   B. 不注意，未提示

学生签名：_____

____年____月____日

三、教师评价及反馈

参照知识学习和技能操作的结果，评价学生本次工作任务的成绩。

请在 ☐ 上打 ✓：☐ 不合格　☐ 合格　☐ 良好　☐ 优秀

说明：_____

_____

教师签名：_____

____年____月____日

项目二　汽车油液与滤清器检查及更换

任务工单一　发动机油液与滤清器检查及更换

学生姓名		班　　级		学　　号	
实训场地		学　　时		日　　期	

➡ 技能操作

一、工作任务

项目1：空气滤清器检查及更换
项目2：发动机机油、机油滤清器检查及更换
项目3：燃油滤清器检查及更换
项目4：冷却系统检查及冷却液更换

请根据任务要求，确定所需要的场地和物品，并对小组成员进行合理分工，制订详细的工作计划。

二、准备工作

落实安全要求，检查及记录完成任务需要的场地、设备、工具及材料。

1. 安全要求及注意事项

请认真阅读以下内容：

（1）实训车辆停在指定工位上，未经过老师批准不准起动，经老师批准起动，应先检查车轮的安全顶块是否放好，驻车制动是否拉好，变速杆是否放在 P 位（A/T）或空档（M/T），车前车后没有人在操作。
（2）发动机运行时不能把手伸入，防止造成意外事故。
（3）没有经过老师批准不允许随意连接或拔下电控元器件。
（4）点火开关接通时，不允许连接或拔下电控系统元器件的插接器。
（5）蓄电池的极性不能接反，否则将烧毁 ECU 与电子元器件。
（6）禁止使用起动电源辅助起动发动机，防止损坏电控系统部件。
（7）禁止触碰任何带安全警示标志的部件。
（8）实训期间严禁嬉戏打闹。

2. 场地检查

检查工作场地是否清洁及是否存在安全隐患，如不正常，请汇报老师并及时处理。

3. 车辆、台架、总成、部件检查（需要 / 正常打√；不需要 / 不正常打 ×）

□整车（一汽大众迈腾整车 / 丰田卡罗拉，或其他同类车辆）

4. 设备及工具检查（需要 / 正常打√；不需要 / 不正常打 ×）

个人防护装备：□常规实训工装　□手套　□劳保鞋　□其他装备
车辆防护装备：□翼子板布　□前格栅布　□地板垫　□座椅套　□转向盘套
　　　　　　　□灭火器
设备及拆装工具：□举升机　□抽排气系统　□拆装工具　□其他设备工具

5. 其他材料检查（需要 / 正常打√；不需要 / 不正常打 ×）

材料：□抹布　□绝缘胶布　□发动机机油　□齿轮油　□冷却液　□其他材料
检查异常记录：_____

三、操作流程

根据制订的计划实施，完成以下任务并记录。

项目1：空气滤清器检查及更换

参考车型：一汽大众迈腾 B8　实训车型：_____
（1）空气滤清器拆卸
　　拆卸异常记录：_____
（2）空气滤清器检查及安装
　　检查结果及处理：_____
　　安装异常记录：_____

项目2：发动机机油、机油滤清器检查及更换

参考车型：一汽大众迈腾 B8　实训车型：_____
机油品牌：_____；黏度等级：_____；质量等级：_____
机油类型（矿物 / 半合成 / 全合成）：_____；加注量预估：_____
（1）工具物品、车辆准备
　　准备异常记录：_____
（2）机油、滤清器更换前泄漏检查
　　机油滤清器：_____
　　各接合面：_____
　　油封：_____
（3）机油、滤清器更换
　　旧机油液位 / 状态：_____
　　更换后机油液位：_____
　　操作异常记录：_____

项目 3：燃油滤清器检查及更换

参考车型：一汽大众迈腾 B8　实训车型：_____

（1）燃油滤清器检查

　1）渗漏：_____

　2）外观及安装情况：_____

　3）脏污或堵塞：_____

（2）燃油滤清器更换

　1）燃油滤清器类型：_____

　2）拆装异常记录：_____

　3）渗漏检查：_____

项目 4：冷却系统检查及冷却液更换

参考车型：一汽大众迈腾 B8　实训车型：_____

（1）冷却系统检查

　　检查结果及处理：_____

（2）冷却液更换

　　冷却液品牌：_____

　　更换后的液位：_____

　　更换后泄漏检查结果及处理：_____

　　操作异常记录：_____

任务评价

一、自我评估

1. 判断题

（1）空气滤清器在沙尘较大的地区维护的间隔则应相应缩短。　　（　）

（2）如果更换的机油不是很脏，可以不换机油滤清器。　　　　　（　）

（3）为了保护发动机，建议所有车辆都尽量更换全合成机油。　　（　）

（4）由于夏天或南方地区不会结冰，车辆冷却液只需要添加纯净
水即可。　　　　　　　　　　　　　　　　　　　　　　　（　）

（5）一般情况下，外置式燃油滤清器更换周期比内置式的短。　　（　）

2. 单项选择题

（1）0W-30 黏度等级机油使用温度范围是（　　）。
　　　A. 0~30℃　　　B. -30~30℃　　　C. -35~30℃　　　D. 以上都错误

（2）机油的品质（质量）通常使用 API（美国石油协会）等级分类标识，以下等
级最高的是（　　）。
　　　A. SA　　　　　B. SI　　　　　　C. SM　　　　　　D. SN

（3）目前市场上出售的冷却液主要成分是（　　）。
　　　A. 乙二醇型　　B. 甲醇型　　　　C. 乙醇型　　　　D. 除锈剂型

（4）内置式燃油滤清器安装在（　　　）。
　　A. 加油口　　　　　　　　　　B. 发动机附近燃油管路中
　　C. 油箱内与燃油泵一体　　　　D. 燃油分配管上
（5）以下说法正确的是（　　　）。
　　A. 机油变黑了就该更换了　　B. 可以只换机油不换机油滤清器
　　C. 机油能多加就多加　　　　D. 机油压力过低指示灯亮，不一定是机油质量不好

二、自我评价

1. 通过本任务的学习，对照本任务的学习目标，你认为你是否已经掌握学习目标？
   知识目标：（　　　）
   　A. 掌握　　　　　　B. 部分掌握　　　　C. 未掌握
   说明：_____

   技能目标：（　　　）
   　A. 掌握　　　　　　B. 部分掌握　　　　C. 未掌握
   说明：_____

2. 你是否积极学习，不会的内容积极向别人请教，会的内容积极帮助他人学习？
   （　　　）
   　A. 积极学习　　　B. 积极请教　　　C. 积极帮助他人　　　D. 三者均不积极

3. 工具设备和零件有没有落地现象发生，有无保持作业现场的清洁？（　　　）
   　A. 无落地且场地清洁　　　　　　B. 有颗粒落地
   　C. 保持作业环境清洁　　　　　　D. 未保持作业现场的清洁

4. 实施过程中是否注意操作质量和有责任心？（　　　）
   　A. 注意质量，有责任心　　　　　B. 不注意质量，有责任心
   　C. 注意质量，无责任心　　　　　D. 全无

5. 在操作过程中是否注意清除隐患，在有安全隐患时是否提示其他同学？（　　　）
   　A. 注意，提示　　　　　　　　　B. 不注意，未提示

学生签名：_____
____年____月____日

三、教师评价及反馈

参照知识学习和技能操作的结果，评价学生本次工作任务的成绩。
请在 □ 上打 ✓：□不合格　□合格　□良好　□优秀
说明：_____
_____

教师签名：_____
____年____月____日

任务工单二　底盘油液检查及更换

学生姓名		班　级		学　号	
实训场地		学　时		日　期	

➡ 技能操作

一、工作任务

项目 1：手动变速器油检查及更换

项目 2：自动变速器油检查及更换

项目 3：助力转向油检查及更换

项目 4：制动液检查及更换

请根据任务要求，确定所需要的场地和物品，并对小组成员进行合理分工，制订详细的工作计划。

二、准备工作

落实安全要求，检查及记录完成任务需要的场地、设备、工具及材料。

1. 安全要求及注意事项

请认真阅读以下内容：

（1）实训车辆停在指定工位上，未经过老师批准不准起动，经老师批准起动，应先检查车轮的安全顶块是否放好，驻车制动是否拉好，变速杆是否放在 P 位（A/T）或空档（M/T），车前车后没有人在操作。

（2）发动机运行时不能把手伸入，防止造成意外事故。

（3）没有经过老师批准不允许随意连接或拔下电控元器件。

（4）点火开关接通时，不允许连接或拔下电控系统元器件的插接器。

（5）蓄电池的极性不能接反，否则将烧毁 ECU 与电子元器件。

（6）禁止使用起动电源辅助起动发动机，防止损坏电控系统部件。

（7）禁止触碰任何带安全警示标志的部件。

（8）实训期间严禁嬉戏打闹。

2. 场地检查

检查工作场地是否清洁及是否存在安全隐患，如不正常，请汇报老师并及时处理。

3. 车辆、台架、总成、部件检查（需要 / 正常打√；不需要 / 不正常打 ×）

□整车（一汽大众迈腾整车 / 丰田卡罗拉 / 别克凯越，或其他同类车辆）

4. 设备及工具检查（需要/正常打√；不需要/不正常打×）

个人防护装备：□常规实训工装　□手套　□劳保鞋　□其他装备
车辆防护装备：□翼子板布　□前格栅布　□地板垫　□座椅套　□转向盘套
　　　　　　　□灭火器
设备及拆装工具：□举升机　□抽排气系统　□齿轮油加注机　□故障诊断仪
　　　　　　　　□自动变速器油加注设备　□制动液更换机　□制动液检测仪
　　　　　　　　□拆装工具　□其他设备工具

5. 其他材料检查（需要/正常打√；不需要/不正常打×）

材料：□抹布　□绝缘胶布　□手动变速器油　□自动变速器油　□助力转向油
　　　□制动液　□其他材料
检查异常记录：_____

三、操作流程

根据制订的计划实施，完成以下任务并记录。

项目1：手动变速器油检查及更换

参考车型：一汽丰田卡罗拉　实训车型：_____
参照参考车型步骤操作并记录。
（1）手动变速器油检查
　　　加注/检查孔螺塞规格：_____
　　　变速器油液位：_____
　　　接合面泄漏检查：_____
（2）手动变速器油更换
　　　变速器油品牌及等级：_____
　　　放油螺塞规格：_____
　　　变速器油加注量：_____
　　　拆装异常记录：_____

项目2：自动变速器油检查及更换

参考车型：一汽大众迈腾B8　实训车型：_____
参照参考车型步骤操作并记录。
（1）自动变速器油检查
　1）渗漏情况：_____
　2）液位：_____
　3）油液品质：_____
（2）自动变速器油更换
　1）油液品牌和等级：_____
　2）放油螺栓规格：_____
　3）油液加注位置：_____
　4）油液加注量：_____

拆卸异常记录：_____

项目 3：助力转向油检查及更换

参考车型：上汽别克凯越　实训车型：_____

参照参考车型步骤操作并记录。

（1）检查助力转向油液位及油液品质。

（2）更换助力转向油。

（3）再次检查助力转向油液位。

（4）根据检查情况填写下表。

检查项目	结果记录	采取措施
助力转向油液位		
助力转向油品质		

操作异常记录：_____

项目 4：制动液检查及更换

参考车型：一汽大众迈腾 B8　实训车型：_____

参照参考车型步骤操作并记录。

（1）制动液检查

　1）渗漏：_____

　2）液位：_____

　3）含水率：_____

（2）制动液更换

　1）制动液等级：_____

　2）制动液加注量：_____

　3）更换后制动情况：_____

➡ 任务评价

一、自我评估

1. 判断题

（1）手动变速器由齿轮传动机构组成，因此手动变速器油即齿轮油。　（　）

（2）各种类型的自动变速器都可以采用同一种 ATF。　（　）

（3）自动变速器油液的气味和状态可以表明自动变速器的工作状态。　（　）

（4）更换助力转向油后，必须排除系统内的空气。　（　）

（5）制动液的含水率越高，制动性能越好。　（　）

2. 单项选择题

（1）以下齿轮油适用温度最低的是（　　）。
　　A. 80W　　　　B. 70W　　　　C. 140　　　　D. 90

（2）以下类型的变速器，采用齿轮油的是（　　）。
　　A. AT　　　　B. CVT　　　　C. DSG　　　　D. AMT

（3）自动变速器的油温过高，会导致（　　）。
　　A. 油变成深棕色或棕褐色　　　　B. 油中有油膏胶质
　　C. 油有烧焦味道　　　　　　　　D. 以上都是
（4）助力转向油的性能与哪个油品性能最接近（　　）。
　　A. 齿轮油　　　　B. ATF　　　　C. 制动液　　　　D. 防冻液
（5）以下关于制动液的说法不正确的是（　　）。
　　A. 不同类型的不能混用　　　　　B. 应防止水分和矿物油混入
　　C. 无毒无味　　　　　　　　　　D. 需要定期更换

二、自我评价

1. 通过本任务的学习，对照本任务的学习目标，你认为你是否已经掌握学习目标？
   知识目标：（　　）
   A. 掌握　　　　　B. 部分掌握　　　　C. 未掌握
   说明：_____
   技能目标：（　　）
   A. 掌握　　　　　B. 部分掌握　　　　C. 未掌握
   说明：_____
2. 你是否积极学习，不会的内容积极向别人请教，会的内容积极帮助他人学习？（　　）
   A. 积极学习　　　B. 积极请教　　　C. 积极帮助他人　　　D. 三者均不积极
3. 工具设备和零件有没有落地现象发生，有无保持作业现场的清洁？（　　）
   A. 无落地且场地清洁　　　　　　B. 有颗粒落地
   C. 保持作业环境清洁　　　　　　D. 未保持作业现场的清洁
4. 实施过程中是否注意操作质量和有责任心？（　　）
   A. 注意质量，有责任心　　　　　B. 不注意质量，有责任心
   C. 注意质量，无责任心　　　　　D. 全无
5. 在操作过程中是否注意清除隐患，在有安全隐患时是否提示其他同学？（　　）
   A. 注意，提示　　　　　　　　　B. 不注意，未提示

学生签名：_____
____年____月____日

三、教师评价及反馈

参照知识学习和技能操作的结果，评价学生本次工作任务的成绩。
请在☐上打✓：☐不合格　☐合格　☐良好　☐优秀
说明：_____
_____

教师签名：_____
____年____月____日

任务工单三　空调滤清器与制冷剂检查及更换

学生姓名		班　　级		学　　号	
实训场地		学　　时		日　　期	

➡ 技能操作

一、工作任务

项目 1：空调滤清器检查及更换

项目 2：空调制冷剂检查及加注

请根据任务要求，确定所需要的场地和物品，并对小组成员进行合理分工，制订详细的工作计划。

二、准备工作

落实安全要求，检查及记录完成任务需要的场地、设备、工具及材料。

1. 安全要求及注意事项

请认真阅读以下内容：

（1）实训车辆停在指定工位上，未经过老师批准不准起动，经老师批准起动，应先检查车轮的安全顶块是否放好，驻车制动是否拉好，变速杆是否放在 P 位（A/T）或空档（M/T），车前车后没有人在操作。

（2）发动机运行时不能把手伸入，防止造成意外事故。

（3）没有经过老师批准不允许随意连接或拔下电控元器件。

（4）点火开关接通时，不允许连接或拔下电控系统元器件的插接器。

（5）蓄电池的极性不能接反，否则将烧毁 ECU 与电子元器件。

（6）禁止使用起动电源辅助起动发动机，防止损坏电控系统部件。

（7）禁止触碰任何带安全警示标志的部件。

（8）实训期间严禁嬉戏打闹。

2. 场地检查

检查工作场地是否清洁及是否存在安全隐患，如不正常，请汇报老师并及时处理。

3. 车辆、台架、总成、部件检查（需要 / 正常打√；不需要 / 不正常打 ×）

□整车（一汽大众迈腾整车 / 丰田卡罗拉 / 别克凯越，或其他同类车辆）

4. 设备及工具检查（需要 / 正常打√；不需要 / 不正常打 ×）

个人防护装备：□常规实训工装　　□手套　　□劳保鞋　　□其他装备

车辆防护装备：□翼子板布　□前格栅布　□地板垫　□座椅套　□转向盘套　□灭火器

设备及拆装工具：□举升机　□抽排气系统　□空调检漏仪　□空调制冷剂加注及检查套组　□拆装工具　□其他设备工具

5. 其他材料检查（需要/正常打√；不需要/不正常打 ×）

材料：□抹布　□空调滤芯　□制冷剂　□其他材料

检查异常记录：_____

三、操作流程

根据制订的计划实施，完成以下任务并记录。

项目 1：空调滤清器检查及更换

参考车型：一汽大众迈腾　实训车型：_____

参照参考车型步骤操作并记录。

（1）空调滤清器检查

　1）鼓风机风量：_____

　2）是否有异味：_____

　3）空调滤清器位置：_____

　4）滤芯是否破损、脏污：_____

（2）空调滤清器更换

　1）更换后鼓风机风量：_____

　2）更换后是否有异味：_____

　　拆装异常记录：_____

项目 2：空调制冷剂检查及加注

参考车型：一汽大众迈腾 B8　实训车型：_____

参照参考车型步骤操作并记录。

（1）防护措施

　1）防护用品：_____

　2）是否正确佩戴：_____

（2）制冷剂压力测量

　　对车辆空调系统进行压力测量，分别测量静态压力和工作压力。（注：记录环境温度）

　1）简述测试步骤：_____
_____

　2）测试数据：_____

　　静态压力：_____

　　工作压力：低压端_____；高压端_____

3）压力检测的结论：_____
4）出风口温度：_____℃；环境温度_____℃
　　温度测试的结论：□ 合格　　□ 不合格
（3）制冷剂补充作业
1）设备与工具
　　写下对车辆进行制冷剂补充作业的工具设备：_____
2）写下补充作业的步骤：_____
（4）真空检漏
　　对车辆空调系统进行真空检漏，记录抽真空和真空检漏的步骤，并实施。
1）简述抽真空步骤：_____
_____
2）简述真空检漏步骤：_____
_____
3）过程数据记录：（记录作业终了数据）
　　高压表压力读数：_____低压表压力读数：_____
　　抽真空时间：_____
　　保持真空时间：_____
4）结论
　　真空检漏的结论：_____
（5）电子检漏
　　对车辆空调系统进行电子检漏，以确定车辆是否存在微小泄漏，记录操作步骤。
1）简述检漏步骤：_____
_____
2）检漏的结果：_____
（6）加注冷冻机油和制冷剂
1）分离出的冷冻机油量：_____mL。
2）应补充的冷冻机油量：_____mL。
3）添加的冷冻机油类型：_____
4）简述添加步骤：_____
5）查看车辆有关铭牌，该车辆需加注的制冷剂类型及量为：
　　制冷剂类型：_____；制冷剂加注量：_____g
6）简述加注过程：_____
_____
7）加注后应进行的操作：_____
_____

（7）空调性能检查

1）利用加注设备，测量高低压端的压力，并记录数据。

利用前面任务所需的知识判断系统压力是否正常。

结论：□正常　□异常

2）利用电子温度计测量出风口温度，并记录数据。

利用前面任务所需的知识判断系统出风口温度是否正常。

结论：□正常　□异常

任务评价

一、自我评估

1. 判断题

（1）不同车型空调滤清器的安装位置都相同。（　　）

（2）为保证乘员和维修人员安全，汽车空调制冷剂必须无毒无味。（　　）

（3）汽车空调系统的冷冻机油可以用发动机机油代替。（　　）

（4）汽车空调制冷剂的回收、净化和加注作业应由经过相关专业培训，并持有上岗证书的维修人员进行操作。（　　）

（5）制冷剂在空调循环系统中，根据其所在的不同位置，压力也不同。

（　　）

2. 单项选择题

（1）在一般道路情况下，汽车行驶每隔（　　）必须对空调滤清器进行清洁维护或更换。

　　A. 5000~7500km　　　　　　B. 7500~10000km

　　C. 10000~15000km　　　　　D. 无需维护和更换

（2）电驱动压缩机采用的冷冻机油是（　　）。

　　A. 聚烯基乙二醇（PAG）　　B. 聚酯类油（POE）

　　C. 多羟基化合物（ND11）　　D. R134a

（3）以下不属于微小泄漏量检漏的是（　　）。

　　A. 电子检漏　　B. 加压检漏　　C. 真空检漏　　D. 荧光检漏

（4）加压检漏时，用加压设备在制冷装置中充入的气体是（　　）。

　　A. 空气　　　　B. 氮气　　　　C. 氧气　　　　D. 水蒸气

（5）在进行制冷剂补充作业时，以下说法不正确的是（　　）。

　　A. 如果制冷剂不足，有可能造成压缩机损坏

　　B. 空调系统在运转时，只允许开启低压阀

　　C. 制冷剂加注量应尽量多，否则将造成制冷不良

　　D. 制冷剂罐不得放置于温度超过40℃的水中加热，更不得使用明火加热

二、自我评价

1. 通过本任务的学习，对照本任务的学习目标，你认为你是否已经掌握学习目标？

   知识目标：（　　　）

   A. 掌握　　　　　　B. 部分掌握　　　　　C. 未掌握

   说明：_____

   技能目标：（　　　）

   A. 掌握　　　　　　B. 部分掌握　　　　　C. 未掌握

   说明：_____

2. 你是否积极学习，不会的内容积极向别人请教，会的内容积极帮助他人学习？（　　　）

   A. 积极学习　　　　　　　　　　B. 积极请教

   C. 积极帮助他人　　　　　　　　D. 三者均不积极

3. 工具设备和零件有没有落地现象发生，有无保持作业现场的清洁？（　　　）

   A. 无落地且场地清洁　　　　　　B. 有颗粒落地

   C. 保持作业环境清洁　　　　　　D. 未保持作业现场的清洁

4. 实施过程中是否注意操作质量和有责任心？（　　　）

   A. 注意质量，有责任心　　　　　B. 不注意质量，有责任心

   C. 注意质量，无责任心　　　　　D. 全无

5. 在操作过程中是否注意清除隐患，在有安全隐患时是否提示其他同学？（　　　）

   A. 注意，提示　　　　　　　　　B. 不注意，未提示

学生签名：_____

____年____月____日

三、教师评价及反馈

参照知识学习和技能操作的结果，评价学生本次工作任务的成绩。

请在□上打√：□不合格　□合格　□良好　□优秀

说明：_____

_____

教师签名：_____

____年____月____日

项目三 车轮与轮胎检查、调整及更换

任务工单一 车轮与轮胎检查、换位及更换

学生姓名		班　　级		学　　号	
实训场地		学　　时		日　　期	

▶ 技能操作

一、工作任务

项目1：车轮与轮胎检查、换位
项目2：轮胎更换

请根据任务要求，确定所需要的场地和物品，并对小组成员进行合理分工，制订详细的工作计划。

二、准备工作

落实安全要求，检查及记录完成任务需要的场地、设备、工具及材料。

1. 安全要求及注意事项

请认真阅读以下内容：
（1）实训车辆停在指定工位上，未经过老师批准不准起动，经老师批准起动，应先检查车轮的安全顶块是否放好，驻车制动是否拉好，变速杆是否放在P位（A/T）或空档（M/T），车前车后没有人在操作。
（2）发动机运行时不能把手伸入，防止造成意外事故。
（3）没有经过老师批准不允许随意连接或拔下电控元器件。
（4）点火开关接通时，不允许连接或拔下电控系统元器件的插接器。
（5）蓄电池的极性不能接反，否则将烧毁ECU与电子元器件。
（6）禁止使用起动电源辅助起动发动机，防止损坏电控系统部件。
（7）禁止触碰任何带安全警示标志的部件。
（8）实训期间严禁嬉戏打闹。

2. 场地检查

检查工作场地是否清洁及是否存在安全隐患，如不正常，请汇报老师并及时处理。

3. 车辆、台架、总成、部件检查（需要 / 正常打√；不需要 / 不正常打 ×）
□整车（一汽大众迈腾整车 / 丰田卡罗拉，或其他同类车辆）

4. 设备及工具检查（需要 / 正常打√；不需要 / 不正常打 ×）
个人防护装备：□常规实训工装　□手套　□劳保鞋　□其他装备
车辆防护装备：□翼子板布　□前格栅布　□地板垫　□座椅套　□转向盘套
　　　　　　　□灭火器
设备及拆装工具：□举升机　□抽排气系统　□轮胎拆装机　□轮胎花纹深度规
　　　　　　　　□轮胎气压表　□拆装工具　□其他设备工具

5. 其他材料检查（需要 / 正常打√；不需要 / 不正常打 ×）
材料：□抹布　□绝缘胶布　□轮胎拆装润滑液　□其他材料
检查异常记录：_____

三、操作流程

根据制订的计划实施，完成以下任务并记录。

项目 1：车轮与轮胎检查、换位

参考车型：一汽大众迈腾 B8　实训车型：_____

（1）拆卸车轮并正确摆放
　　拆卸异常记录：_____
（2）车轮与轮胎检查
　　轮胎磨损情况：_____
　　轮胎花纹深度：_____
　　轮胎气压加注：_____
　　结果处理建议：_____
（3）车轮换位
　　左前换到：_____
　　左后换到：_____
　　右前换到：_____
　　右后换到：_____
（4）安装车轮
　　轮胎紧固力矩：_____
　　安装异常记录：_____

项目 2：轮胎更换

参考车型：一汽大众迈腾 B8　实训车型：_____

（1）拆卸检查
　1）轮胎类型：_____
　2）轮胎宽度：_____

3）轮胎高宽比：_____
4）是否子午线轮胎：_____
5）轮辋直径：_____
6）载荷指数：_____
7）轮胎的速度等级：_____
　　轮胎外观检查结果：_____
（2）轮胎拆卸
　　拆卸异常记录：_____
（3）轮胎安装
　　安装异常记录：_____

任务评价

一、自我评估

1. 判断题

（1）轮胎变形或异常磨损会造成车辆乘坐舒适性差、不良的转向控制、加速轮胎异常磨损等问题。　　　　　　　　　　　　　　（　　）

（2）在车轮转向时，轮胎胎面花纹块与路面形成连续的接触面。（　　）

（3）所有的轮胎都有内胎。　　　　　　　　　　　　　　　（　　）

（4）备胎胎压应高于其他轮胎。　　　　　　　　　　　　　（　　）

（5）当前、后或者单方向车轮的直径或者是偏置距不同时，不要进行前后换位。　　　　　　　　　　　　　　　　　　　　　（　　）

2. 单项选择题

（1）胎面用于加强轮胎排水能力的是（　　）。
　　A. 肋条　　　　B. 胎肩　　　　C. 开槽　　　　D. 花纹块

（2）在轮胎的侧壁上标明了轮胎的所有信息参数，其中 R 指的是（　　）。
　　A. 轮胎类型　　B. 轮辋半径　　C. 速度等级　　D. 子午线轮胎

（3）紧固轮胎的正确顺序是（　　）。
　　A. 顺时针　　　B. 逆时针　　　C. 对角　　　　D. 没有要求

（4）轮胎拆装机风压铲位置的控制机构是（　　）。
　　A. 操纵手柄　　B. 脚踏板　　　C. 电源开关　　D. 撬棒

（5）安装轮胎时，使轮胎胎圈和轮辋完全贴合的方法是（　　）。
　　A. 用撬棒撬动　　　　　　　　　B. 用导向杆压
　　C. 用胎压表充气　　　　　　　　D. 用铁锤敲击

二、自我评价

1. 通过本任务的学习，对照本任务的学习目标，你认为你是否已经掌握学习目标？

知识目标:(　　)
A. 掌握　　　　　　B. 部分掌握　　　　　　C. 未掌握
说明:_____
技能目标:(　　)
A. 掌握　　　　　　B. 部分掌握　　　　　　C. 未掌握
说明:_____

2. 你是否积极学习,不会的内容积极向别人请教,会的内容积极帮助他人学习?
(　　)
A. 积极学习　　　　　　　　　B. 积极请教
C. 积极帮助他人　　　　　　　D. 三者均不积极

3. 工具设备和零件有没有落地现象发生,有无保持作业现场的清洁?(　　)
A. 无落地且场地清洁　　　　　B. 有颗粒落地
C. 保持作业环境清洁　　　　　D. 未保持作业现场的清洁

4. 实施过程中是否注意操作质量和有责任心?(　　)
A. 注意质量,有责任心　　　　B. 不注意质量,有责任心
C. 注意质量,无责任心　　　　D. 全无

5. 在操作过程中是否注意清除隐患,在有安全隐患时是否提示其他同学?(　　)
A. 注意,提示　　　　　　　　B. 不注意,未提示

学生签名:_____
____年____月____日

三、教师评价及反馈

参照知识学习和技能操作的结果,评价学生本次工作任务的成绩。
请在 □ 上打 ✓:□不合格　□合格　□良好　□优秀
说明:_____
_____

教师签名:_____
____年____月____日

任务工单二　车轮动平衡、车轮定位检查及调整

学生姓名		班　　级		学　　号	
实训场地		学　　时		日　　期	

技能操作

一、工作任务

项目1：车轮动平衡检查及调整

项目2：车轮定位检查及调整

请根据任务要求，确定所需要的场地和物品，并对小组成员进行合理分工，制订详细的工作计划。

二、准备工作

落实安全要求，检查及记录完成任务需要的场地、设备、工具及材料。

1. 安全要求及注意事项

请认真阅读以下内容：

（1）实训车辆停在指定工位上，未经过老师批准不准起动，经老师批准起动，应先检查车轮的安全顶块是否放好，驻车制动是否拉好，变速杆是否放在P位（A/T）或空档（M/T），车前车后没有人在操作。

（2）发动机运行时不能把手伸入，防止造成意外事故。

（3）没有经过老师批准不允许随意连接或拔下电控元器件。

（4）点火开关接通时，不允许连接或拔下电控系统元器件的插接器。

（5）蓄电池的极性不能接反，否则将烧毁ECU与电子元器件。

（6）禁止使用起动电源辅助起动发动机，防止损坏电控系统部件。

（7）禁止触碰任何带安全警示标志的部件。

（8）实训期间严禁嬉戏打闹。

2. 场地检查

检查工作场地是否清洁及是否存在安全隐患，如不正常，请汇报老师并及时处理。

3. 车辆、台架、总成、部件检查（需要/正常打√；不需要/不正常打×）

☐整车（一汽大众迈腾整车/丰田卡罗拉，或其他同类车辆）

4. 设备及工具检查（需要 / 正常打√；不需要 / 不正常打 ×）

个人防护装备：□常规实训工装　　□手套　　□劳保鞋　　□其他装备
车辆防护装备：□翼子板布　　□前格栅布　　□地板垫　　□座椅套　　□转向盘套
　　　　　　　□灭火器
设备及拆装工具：□举升机　　□四轮定位专用举升机　　□车轮动平衡机
　　　　　　　　□四轮定位仪　　□轮胎花纹深度规　　□轮胎气压表
　　　　　　　　□拆装工具　　□其他设备工具

5. 其他材料检查（需要 / 正常打√；不需要 / 不正常打 ×）

材料：□抹布　　□车轮平衡块　　□其他材料
检查异常记录：_____

三、操作流程

根据制订的计划实施，完成以下任务并记录。

项目 1：车轮动平衡检查及调整

参考车型：一汽大众迈腾 B8　　实训车型：_____
（1）车轮基本检查及准备
　　车轮参数：_____
　　轮辋检查结果：_____
　　轮胎胎面检查结果：_____
　　轮胎气压：_____
　　平衡机检查结果：_____
（2）车轮动平衡操作
　1）动不平衡左：_____
　2）动不平衡右：_____
　3）新加平衡块左：_____
　4）新加平衡块右：_____
　5）最后动平衡结果：_____
　6）该车轮动平衡是否合格：_____
　　操作异常记录：_____

项目 2：车轮定位检查及调整

参考车型：一汽大众迈腾 B8　　实训车型：_____
（1）仪器设备检查
　1）专用举升机检查结果：_____
　2）四轮定位仪检查结果：_____
（2）车辆就位、数据及定位前检查
　1）车辆在举升机上位置检查：_____

2）车辆数据记录：_____
　　3）定位前检查结果：_____
（3）调整前定位数据记录
　　1）前轮前束左：_____
　　2）前轮前束右：_____
　　3）总前束：_____
　　4）左前车轮外倾角：_____
　　5）右前车轮外倾角：_____
　　6）后轮前束左：_____
　　7）后轮前束右：_____
　　8）后轮总前束：_____
　　9）左后车轮外倾角：_____
　　10）右后车轮外倾角：_____
（4）调整后定位数据记录
　　1）前轮前束左：_____
　　2）前轮前束右：_____
　　3）总前束：_____
　　4）左前车轮外倾角：_____
　　5）右前车轮外倾角：_____
　　6）后轮前束左：_____
　　7）后轮前束右：_____
　　8）后轮总前束：_____
　　9）左后车轮外倾角：_____
　　10）右后车轮外倾角：_____
（5）定位结果总结
　　　记录：_____

任务评价

一、自我评估

1. 判断题

（1）车轮动平衡不正常的车轮也会导致轮胎异常磨损。　　　　（　　）
（2）车辆行驶中转向盘抖动一定是车轮动不平衡。　　　　　　（　　）
（3）车轮动平衡机操作具有一定的危险性，必须遵守安全操作规程。（　　）
（4）四轮定位的目的，是通过测量车轮的定位角度，诊断车辆的车轮
　　　定位故障并排除。　　　　　　　　　　　　　　　　　　（　　）
（5）所有的车辆行驶故障，一定与车轮定位有关。　　　　　　（　　）

2. 单项选择题

（1）以下操作后不需要进行车轮动平衡的是（　　）。
　　A. 更换轮胎或轮毂　　　　　　　B. 轮胎补胎以后
　　C. 车轮平衡块丢失　　　　　　　D. 更换转向机构

（2）以下说法错误的是（　　）。
　　A. 车轮动平衡机在使用前必须先检查机体各部分的润滑情况
　　B. 有保护罩的平衡机必须正确使用保护罩
　　C. 车轮动平衡机在运转过程中，在车轮旋转径向两侧均严禁站人
　　D. 车轮动平衡前，不得取下车轮上的旧平衡块

（3）车辆出现下列哪些情况时，不是四轮定位不当的原因。（　　）。
　　A. 行驶中转向盘振动、发抖或太重
　　B. 转向时不能自动归位
　　C. 制动时方向跑偏
　　D. 轮胎呈单面磨损

（4）车轮动平衡误差值一般在（　　）之内，可以根据实际要求设定误差值。
　　A. 1g　　　　　　　　　　　　B. 5g
　　C. 10g　　　　　　　　　　　 D. 15g

（5）四轮定位时，可以通过转向横拉杆来调整的参数是（　　）。
　　A. 主销后倾角　　　　　　　　　B. 主销内倾角
　　C. 前轮外倾角　　　　　　　　　D. 前轮前束

二、自我评价

1. 通过本任务的学习，对照本任务的学习目标，你认为你是否已经掌握学习目标？

　　知识目标：（　　）
　　A. 掌握　　　　　B. 部分掌握　　　　C. 未掌握
　　说明：_____

　　技能目标：（　　）
　　A. 掌握　　　　　B. 部分掌握　　　　C. 未掌握
　　说明：_____

2. 你是否积极学习，不会的内容积极向别人请教，会的内容积极帮助他人学习？
　　（　　）
　　A. 积极学习　　　　　　　　　　B. 积极请教
　　C. 积极帮助他人　　　　　　　　D. 三者均不积极

3. 工具设备和零件有没有落地现象发生，有无保持作业现场的清洁？（　　）
　　A. 无落地且场地清洁　　　　　　B. 有颗粒落地
　　C. 保持作业环境清洁　　　　　　D. 未保持作业现场的清洁

4. 实施过程中是否注意操作质量和有责任心？（　　）
   A. 注意质量，有责任心　　　　　　B. 不注意质量，有责任心
   C. 注意质量，无责任心　　　　　　D. 全无
5. 在操作过程中是否注意清除隐患，在有安全隐患时是否提示其他同学？（　　）
   A. 注意，提示　　　　　　　　　　B. 不注意，未提示

学生签名：_____
____年____月____日

三、教师评价及反馈

参照知识学习和技能操作的结果，评价学生本次工作任务的成绩。
请在☐上打✓：☐不合格　☐合格　☐良好　☐优秀
说明：_____

_____

教师签名：_____
____年____月____日

项目四　电源与起动系统检查及更换

任务工单一　电源系统检查及蓄电池、发电机更换

学生姓名		班　　级		学　　号	
实训场地		学　　时		日　　期	

➡ 技能操作

一、工作任务

项目1：蓄电池检查、充电和更换

项目2：发电机检查和更换

请根据任务要求，确定所需要的场地和物品，并对小组成员进行合理分工，制订详细的工作计划。

二、准备工作

落实安全要求，检查及记录完成任务需要的场地、设备、工具及材料。

1. 安全要求及注意事项

请认真阅读以下内容：

（1）实训车辆停在指定工位上，未经过老师批准不准起动，经老师批准起动，应先检查车轮的安全顶块是否放好，驻车制动是否拉好，变速杆是否放在P位（A/T）或空档（M/T），车前车后没有人在操作。

（2）发动机运行时不能把手伸入，防止造成意外事故。

（3）没有经过老师批准不允许随意连接或拔下电控元器件。

（4）点火开关接通时，不允许连接或拔下电控系统元器件的插接器。

（5）蓄电池的极性不能接反，否则将烧毁ECU与电子元器件。

（6）禁止使用起动电源辅助起动发动机，防止损坏电控系统部件。

（7）禁止触碰任何带安全警示标志的部件。

（8）实训期间严禁嬉戏打闹。

2. 场地检查

检查工作场地是否清洁及是否存在安全隐患，如不正常，请汇报老师并及时处理。

3. 车辆、台架、总成、部件检查（需要/正常打√；不需要/不正常打 ×）

□整车（一汽大众迈腾整车/丰田卡罗拉，或其他同类车辆）

4. 设备及工具检查（需要/正常打√；不需要/不正常打 ×）

个人防护装备：□常规实训工装　□手套　□劳保鞋　□其他装备
车辆防护装备：□翼子板布　□前格栅布　□地板垫　□座椅套　□转向盘套
　　　　　　　□灭火器
设备及拆装工具：□举升机　□抽排气系统　□蓄电池测试仪　□充电机
　　　　　　　　□数字万用表　□拆装工具　□其他设备工具

5. 其他材料检查（需要/正常打√；不需要/不正常打 ×）

材料：□抹布　□绝缘胶布　□其他材料
检查异常记录：_____

三、操作流程

根据制订的计划实施，完成以下任务并记录。

项目1：蓄电池检查、充电和更换

参考车型：一汽大众迈腾 B8　实训车型：_____

（1）蓄电池检查

　1）外观检查情况：_____

　2）万用表检查情况：_____

　3）测试仪检查情况：_____

　　检查结果及建议：_____

（2）蓄电池充电

　1）充电机正确连接：_____

　2）充电电流、电压监控

　　充电电流：_____

　　充电电压：_____

　　充电异常记录：_____

（3）蓄电池更换

　1）新蓄电池品牌和容量：_____

　2）旧蓄电池品牌和容量：_____

　　拆装异常记录：_____

项目2：发电机检查和更换

参考车型：一汽大众迈腾 B8　实训车型：_____

（1）发电机检查

1）发电机的输出电压测试：_____
2）发电机的整流器测试：_____
　　检查结果及建议：_____
（2）发电机更换
1）发电机驱动带的张紧力测试：_____
2）新发电机输出电压：_____
3）新发电机整流测试：_____
　　拆装异常记录：_____

任务评价

一、自我评估

1. 判断题

（1）发动机起动后，蓄电池就没有作用了。　　　　　　　　　　　（　　）
（2）发动机起动后，如果充电指示灯持续点亮，说明充电系统出现故障。（　　）
（3）为蓄电池充电时，应尽量采用大电流充电，可以加快充电速度。（　　）
（4）发电机驱动带安装越紧越好。　　　　　　　　　　　　　　　（　　）
（5）拆装蓄电池时，应遵循先拆负极接线柱和先装正极接线柱的原则。（　　）

2. 单项选择题

（1）以下说法错误的是（　　）。
　　A. 检查蓄电池时，应进行蓄电池的外观检查
　　B. 发电机可以吸收汽车上大功率设备瞬间断开时产生的高压电
　　C. 拆卸发电机之前必须断开蓄电池负极
　　D. 检查发电机时，应防止人或测试仪等与发动机旋转部件接触
（2）进行蓄电池测试时，蓄电池测试仪的红色夹子接（　　）。
　　A. 蓄电池正极　　　　　　　　B. 蓄电池正极
　　C. 车身金属部位　　　　　　　D. 发电机连接器
（3）用充电机为蓄电池长时间充电时，调节充电电流应（　　）。
　　A. 越小越好　　B. 不大于5A　　C. 不大于10A　　D. 越大越好
（4）发电机的整流器测试时，万用表档位应选择（　　）。
　　A. 直流电压20V　　　　　　　B. 交流电压20V
　　C. 直流电压200V　　　　　　 D. 交流电压200V
（5）安装新发电机时，以下说法错误的是（　　）。
　　A. 将发电机驱动带按原来的缠绕方式安装
　　B. 应调节发电机驱动带的张紧度
　　C. 一次性拧紧发电机固定螺栓
　　D. 安装完成后应再次检查发电机

二、自我评价

1. 通过本任务的学习，对照本任务的学习目标，你认为你是否已经掌握学习目标？

    知识目标：（　　）
    A. 掌握　　　　　　B. 部分掌握　　　　　C. 未掌握
    说明：_____

    技能目标：（　　）
    A. 掌握　　　　　　B. 部分掌握　　　　　C. 未掌握
    说明：_____

2. 你是否积极学习，不会的内容积极向别人请教，会的内容积极帮助他人学习？（　　）
    A. 积极学习　　　　　　　　　　B. 积极请教
    C. 积极帮助他人　　　　　　　　D. 三者均不积极

3. 工具设备和零件有没有落地现象发生，有无保持作业现场的清洁？（　　）
    A. 无落地且场地清洁　　　　　　B. 有颗粒落地
    C. 保持作业环境清洁　　　　　　D. 未保持作业现场的清洁

4. 实施过程中是否注意操作质量和有责任心？（　　）
    A. 注意质量，有责任心　　　　　B. 不注意质量，有责任心
    C. 注意质量，无责任心　　　　　D. 全无

5. 在操作过程中是否注意清除隐患，在有安全隐患时是否提示其他同学？（　　）
    A. 注意，提示　　　　　　　　　B. 不注意，未提示

学生签名：_____
____年____月____日

三、教师评价及反馈

参照知识学习和技能操作的结果，评价学生本次工作任务的成绩。

请在 □ 上打 ✓：□ 不合格　□ 合格　□ 良好　□ 优秀

说明：_____

_____

教师签名：_____
____年____月____日

任务工单二　起动系统检查及起动机更换

学生姓名		班　　级		学　　号	
实训场地		学　　时		日　　期	

▶ 技能操作

一、工作任务

项目1：起动机不解体检查

项目2：起动机更换

请根据任务要求，确定所需要的场地和物品，并对小组成员进行合理分工，制订详细的工作计划。

二、准备工作

落实安全要求，检查及记录完成任务需要的场地、设备、工具及材料。

1. 安全要求及注意事项

请认真阅读以下内容：

（1）实训车辆停在指定工位上，未经过老师批准不准起动，经老师批准起动，应先检查车轮的安全顶块是否放好，驻车制动是否拉好，变速杆是否放在P位（A/T）或空档（M/T），车前车后没有人在操作。

（2）发动机运行时不能把手伸入，防止造成意外事故。

（3）没有经过老师批准不允许随意连接或拔下电控元器件。

（4）点火开关接通时，不允许连接或拔下电控系统元器件的插接器。

（5）蓄电池的极性不能接反，否则将烧毁ECU与电子元器件。

（6）禁止使用起动电源辅助起动发动机，防止损坏电控系统部件。

（7）禁止触碰任何带安全警示标志的部件。

（8）实训期间严禁嬉戏打闹。

2. 场地检查

检查工作场地是否清洁及是否存在安全隐患，如不正常，请汇报老师并及时处理。

3. 车辆、台架、总成、部件检查（需要/正常打√；不需要/不正常打 ×）

□整车（一汽大众迈腾整车/丰田卡罗拉，或其他同类车辆）

4. 设备及工具检查（需要/正常打√；不需要/不正常打 ×）

个人防护装备：□常规实训工装　□手套　□劳保鞋　□其他装备

车辆防护装备：□翼子板布　□前格栅布　□地板垫　□座椅套　□转向盘套
　　　　　　　□灭火器
设备及拆装工具：□举升机　□抽排气系统　□数字万用表　□拆装工具
　　　　　　　　□其他设备工具

5. 其他材料检查（需要/正常打√；不需要/不正常打 ×）
材料：□抹布　□绝缘胶布　□测试连接导线　□其他材料
检查异常记录：＿＿＿＿＿＿＿＿＿＿＿＿＿＿＿＿＿＿＿＿＿＿

三、操作流程

根据制订的计划实施，完成以下任务并记录。

项目1：起动机不解体检查

参考车型：一汽大众迈腾 B8　实训车型：＿＿＿＿＿＿＿
（1）起动机吸引线圈性能测试
　　吸引线圈测试结果：＿＿＿＿＿＿＿＿＿＿＿＿＿＿＿＿
（2）起动机保持线圈性能测试
　　保持线圈测试结果：＿＿＿＿＿＿＿＿＿＿＿＿＿＿＿＿
（3）起动机驱动齿轮回位测试
　　驱动齿轮回位测试结果：＿＿＿＿＿＿＿＿＿＿＿＿＿＿
（4）起动机空载测试
　　空载测试结果：＿＿＿＿＿＿＿＿＿＿＿＿＿＿＿＿＿＿
　　检查结果总结及建议：＿＿＿＿＿＿＿＿＿＿＿＿＿＿＿

项目2：起动机更换

参考车型：一汽大众迈腾 B8　实训车型：＿＿＿＿＿＿＿
（1）起动机拆卸
　　1）旧起动机型号及功率：＿＿＿＿＿＿＿＿＿＿＿＿＿＿
　　2）拆卸异常记录：＿＿＿＿＿＿＿＿＿＿＿＿＿＿＿＿
（2）起动机安装
　　1）新起动机型号及功率：＿＿＿＿＿＿＿＿＿＿＿＿＿＿
　　2）安装异常记录：＿＿＿＿＿＿＿＿＿＿＿＿＿＿＿＿
　　3）安装后测试结果：＿＿＿＿＿＿＿＿＿＿＿＿＿＿＿

任务评价

一、自我评估

1. 判断题
（1）起动系统的作用是将发电机的电能转化为机械能。　　　　（　　）
（2）汽车发动机的起动机采用交流电动机。　　　　　　　　　（　　）

（3）拆卸起动机之前必须断开蓄电池负极。　　　　　　　　（　　）
（4）检查起动机时应该注意线路的连接，防止短路发生。　　（　　）
（5）起动机不能正常工作，一定是蓄电池亏电。　　　　　　（　　）

2. 单项选择题

（1）以下不属于起动系统组成的是（　　）。
　　A. 蓄电池　　　B. 起动机　　　C. 发电机　　　D. 起动控制电路

（2）以下不会造成起动机不运转的是（　　）。
　　A. 蓄电池亏电　　　　　　　B. 起动机的电动机故障
　　C. 起动控制线路断路　　　　D. 飞轮齿圈脱落

（3）起动机吸引线圈性能测试时，将电磁开关上与点火开关连接的端子（50）与（　　）连接。
　　A. 蓄电池负极　　　　　　　B. 蓄电池正极
　　C. 起动机连接的端子（C）　　D. 起动机外壳

（4）起动机保持线圈性能测试时，拆下电磁开关（C）端子上的连接线，正常结果是（　　）。
　　A. 起动机持续运转　　　　　　B. 驱动齿轮应缩回
　　C. 驱动齿轮应保持在伸出位置不动　　D. 驱动齿轮持续伸缩

（5）起动机空载测试时，以下说法错误的是（　　）。
　　A. 必须将起动机固定，并按标准接线
　　B. 电源接通后，起动机应平稳运转，同时驱动齿轮应移出
　　C. 断开电源后，起动机应立即停止转动，同时驱动齿轮伸出
　　D. 断开电源后，起动机应立即停止转动，同时驱动齿轮缩回

二、自我评价

1. 通过本任务的学习，对照本任务的学习目标，你认为你是否已经掌握学习目标？

　　知识目标：（　　）
　　A. 掌握　　　　　B. 部分掌握　　　　　C. 未掌握
　　说明：_____

　　技能目标：（　　）
　　A. 掌握　　　　　B. 部分掌握　　　　　C. 未掌握
　　说明：_____

2. 你是否积极学习，不会的内容积极向别人请教，会的内容积极帮助他人学习？（　　）
　　A. 积极学习　　　　　　　　B. 积极请教
　　C. 积极帮助他人　　　　　　D. 三者均不积极

3. 工具设备和零件有没有落地现象发生，有无保持作业现场的清洁？（　　）
　　A. 无落地且场地清洁　　　　B. 有颗粒落地
　　C. 保持作业环境清洁　　　　D. 未保持作业现场的清洁

4. 实施过程中是否注意操作质量和有责任心？（   ）
   A. 注意质量，有责任心　　　　　　B. 不注意质量，有责任心
   C. 注意质量，无责任心　　　　　　D. 全无
5. 在操作过程中是否注意清除隐患，在有安全隐患时是否提示其他同学？（   ）
   A. 注意，提示　　　　　　　　　　B. 不注意，未提示

学生签名：_____
____年____月____日

三、教师评价及反馈

参照知识学习和技能操作的结果，评价学生本次工作任务的成绩。

请在 □ 上打 ✓：□不合格　□合格　□良好　□优秀

说明：_____

_____

教师签名：_____
____年____月____日

项目五　汽车整车维护操作规范

任务工单一　汽车整车维护双人快保操作规范（上）

学生姓名		班　　级		学　　号	
实训场地		学　　时		日　　期	

▶ 技能操作

一、工作任务

项目 1：汽车整车维护双人快保操作规范 – 车辆举升位置 1

项目 2：汽车整车维护双人快保操作规范 – 车辆举升位置 2

请根据任务要求，确定所需要的场地和物品，并对小组成员进行合理分工，制订详细的工作计划。

二、准备工作

落实安全要求，检查及记录完成任务需要的场地、设备、工具及材料。

1. 安全要求及注意事项

请认真阅读以下内容：

（1）实训车辆停在指定工位上，未经过老师批准不准起动，经老师批准起动，应先检查车轮的安全顶块是否放好，驻车制动是否拉好，变速杆是否放在 P 位（A/T）或空档（M/T），车前车后没有人在操作。

（2）发动机运行时不能把手伸入，防止造成意外事故。

（3）没有经过老师批准不允许随意连接或拔下电控元器件。

（4）点火开关接通时，不允许连接或拔下电控系统元器件的插接器。

（5）蓄电池的极性不能接反，否则将烧毁 ECU 与电子元器件。

（6）禁止使用起动电源辅助起动发动机，防止损坏电控系统部件。

（7）禁止触碰任何带安全警示标志的部件。

（8）实训期间严禁嬉戏打闹。

2. 场地检查

检查工作场地是否清洁及是否存在安全隐患，如不正常，请汇报老师并及时处理。

3. 车辆、台架、总成、部件检查（需要 / 正常打√；不需要 / 不正常打 ×）

□整车（一汽大众迈腾整车 / 丰田卡罗拉，或其他同类车辆）

4. 设备及工具检查（需要 / 正常打√；不需要 / 不正常打 ×）

个人防护装备：□常规实训工装　　□手套　　□劳保鞋　　□其他装备
车辆防护装备：□翼子板布　　□前格栅布　　□地板垫　　□座椅套　　□转向盘套
　　　　　　　□灭火器
设备及拆装工具：□举升机　　□抽排气系统　　□故障诊断仪　　□蓄电池测试仪
　　　　　　　　□制动液检测仪　　□冷却液检测仪　　□轮胎花纹深度规
　　　　　　　　□数字万用表　　□尾气分析仪　　□拆装工具　　□其他设备工具

5. 其他材料检查（需要 / 正常打√；不需要 / 不正常打 ×）

材料：□抹布　　□绝缘胶布　　□发动机机油　　□齿轮油　　□冷却液　　□其他材料
检查异常记录：＿＿＿＿＿＿＿＿＿＿＿＿＿＿＿＿＿＿＿＿＿＿＿＿＿＿＿＿＿＿＿

三、操作流程

根据制订的计划实施，完成以下任务并记录。

项目 1：汽车整车维护双人快保操作规范 – 车辆举升位置 1

参考车型：一汽大众迈腾 B8　　实训车型：＿＿＿＿＿＿

（1）车辆信息及车况记录

　1）车辆 VIN：＿＿＿＿＿＿＿＿＿＿＿＿＿＿＿＿＿＿＿＿＿＿＿
　2）发动机型号和变速器型号：＿＿＿＿＿＿＿＿＿＿＿＿＿＿＿＿
　3）车身外观损毁位置及损毁类型：＿＿＿＿＿＿＿＿＿＿＿＿＿＿
　4）燃油量：＿＿＿＿＿＿＿＿＿＿＿＿＿＿＿＿＿＿＿＿＿＿＿
　5）行驶里程：＿＿＿＿＿＿＿＿＿＿＿＿＿＿＿＿＿＿＿＿＿＿
　6）异常故障灯及故障码：＿＿＿＿＿＿＿＿＿＿＿＿＿＿＿＿＿
　　其他记录：＿＿＿＿＿＿＿＿＿＿＿＿＿＿＿＿＿＿＿＿＿＿＿

（2）技师 A 检查记录

　　检查结果及处理建议：＿＿＿＿＿＿＿＿＿＿＿＿＿＿＿＿＿＿

（3）技师 B 检查记录

　　检查结果及处理建议：＿＿＿＿＿＿＿＿＿＿＿＿＿＿＿＿＿＿

项目 2：汽车整车维护双人快保操作规范 – 车辆举升位置 2

参考车型：一汽大众迈腾 B8　　实训车型：＿＿＿＿＿＿

（1）技师 A 检查记录

　　检查结果及处理建议：＿＿＿＿＿＿＿＿＿＿＿＿＿＿＿＿＿＿

（2）技师 B 检查记录

　　检查结果及处理建议：＿＿＿＿＿＿＿＿＿＿＿＿＿＿＿＿＿＿

任务评价

一、自我评估

1. 判断题

（1）汽车维修服务企业（门店）通常将 1 天内能完成的服务项目称为"快修快保"。 （　　）

（2）采用"双人快保"操作方法的工作效率比传统的单人操作方法高得多。 （　　）

（3）一般情况下，双人快保根据举升机的车辆举升位置分为 6 个步骤完成。 （　　）

（4）双人快保中两位维护技师的操作内容完全一致。 （　　）

（5）整车定期维护一定要采用"双人"的操作方法。 （　　）

2. 单项选择题

（1）双人快保操作中，安装车内防护三件套的是（　　）。

　　A. 店长　　　　　B. 服务顾问　　　C. 技师 A　　　D. 技师 B

（2）双人快保车辆举升位置 1 操作中，不需要两位技师配合的是（　　）。

　　A. 打开发动机舱盖　　　　　B. 检查车辆外部灯光

　　C. 检查车内灯光　　　　　　D. 举升车辆

（3）检查制动真空助力器的密封性时，多次踩下制动踏板，每次踩下后踏板返回距离应（　　），说明制动真空助力器的密封性正常。

　　A. 越来越小　　　B. 越来越大　　　C. 保持不变　　　D. 没有规律

（4）双人快保操作中，操作举升机升降的是（　　）。

　　A. 技师 A　　　　　　　　　B. 技师 B

　　C. 根据实际情况　　　　　　D. 其他人员协助

（5）双人快保操作中，进行底盘各机构检查的是（　　）。

　　A. 技师 A　　　　　　　　　B. 技师 B

　　C. 两位技师同时　　　　　　D. 谁有空谁检查

二、自我评价

1. 通过本任务的学习，对照本任务的学习目标，你认为你是否已经掌握学习目标？

知识目标：（　　）

　　A. 掌握　　　　　B. 部分掌握　　　C. 未掌握

说明：_____

技能目标：（　　）

　　A. 掌握　　　　　B. 部分掌握　　　C. 未掌握

说明：

2. 你是否积极学习，不会的内容积极向别人请教，会的内容积极帮助他人学习？
（   ）
   A. 积极学习   B. 积极请教
   C. 积极帮助他人   D. 三者均不积极
3. 工具设备和零件有没有落地现象发生，有无保持作业现场的清洁？（   ）
   A. 无落地且场地清洁   B. 有颗粒落地
   C. 保持作业环境清洁   D. 未保持作业现场的清洁
4. 实施过程中是否注意操作质量和有责任心？（   ）
   A. 注意质量，有责任心   B. 不注意质量，有责任心
   C. 注意质量，无责任心   D. 全无
5. 在操作过程中是否注意清除隐患，在有安全隐患时是否提示其他同学？（   ）
   A. 注意，提示   B. 不注意，未提示

学生签名：_____
____年____月____日

三、教师评价及反馈

参照知识学习和技能操作的结果，评价学生本次工作任务的成绩。

请在 □ 上打 ✓：□ 不合格　□ 合格　□ 良好　□ 优秀

说明：_____

_____

教师签名：_____
____年____月____日

任务工单二　汽车整车维护双人快保操作规范（下）

学生姓名		班　　级		学　　号	
实训场地		学　　时		日　　期	

技能操作

一、工作任务

项目1：汽车整车维护双人快保操作规范 – 车辆举升位置3

项目2：汽车整车维护双人快保操作规范 – 车辆举升位置4

项目3：汽车整车维护双人快保操作规范 – 车辆举升位置5

项目4：汽车整车维护双人快保操作规范 – 车辆举升位置6

请根据任务要求，确定所需要的场地和物品，并对小组成员进行合理分工，制订详细的工作计划。

二、准备工作

落实安全要求，检查及记录完成任务需要的场地、设备、工具及材料。

1. 安全要求及注意事项

请认真阅读以下内容：

（1）实训车辆停在指定工位上，未经过老师批准不准起动，经老师批准起动，应先检查车轮的安全顶块是否放好，驻车制动是否拉好，变速杆是否放在 P 位（A/T）或空档（M/T），车前车后没有人在操作。

（2）发动机运行时不能把手伸入，防止造成意外事故。

（3）没有经过老师批准不允许随意连接或拔下电控元器件。

（4）点火开关接通时，不允许连接或拔下电控系统元器件的插接器。

（5）蓄电池的极性不能接反，否则将烧毁 ECU 与电子元器件。

（6）禁止使用起动电源辅助起动发动机，防止损坏电控系统部件。

（7）禁止触碰任何带安全警示标志的部件。

（8）实训期间严禁嬉戏打闹。

2. 场地检查

检查工作场地是否清洁及是否存在安全隐患，如不正常，请汇报老师并及时处理。

3. 车辆、台架、总成、部件检查（需要 / 正常打√；不需要 / 不正常打 ×）

□整车（一汽大众迈腾整车 / 丰田卡罗拉，或其他同类车辆）

4. 设备及工具检查（需要 / 正常打√；不需要 / 不正常打 ×）

个人防护装备：□常规实训工装　　□手套　　□劳保鞋　　□其他装备
车辆防护装备：□翼子板布　□前格栅布　□地板垫　□座椅套　□转向盘套
　　　　　　　□灭火器
设备及拆装工具：□举升机　□抽排气系统　□故障诊断仪　□蓄电池测试仪
　　　　　　　　□制动液检测仪　□冷却液检测仪　□轮胎花纹深度规
　　　　　　　　□数字万用表　□尾气分析仪　□拆装工具　□其他设备工具

5. 其他材料检查（需要 / 正常打√；不需要 / 不正常打 ×）

材料：□抹布　□绝缘胶布　□发动机机油　□齿轮油　□冷却液　□其他材料
检查异常记录：_____

三、操作流程

根据制订的计划实施，完成以下任务并记录。

项目 1：汽车整车维护双人快保操作规范 – 车辆举升位置 3

参考车型：一汽大众迈腾 B8　实训车型：_____
（1）技师 A 检查记录
　　　检查结果及处理建议：_____
（2）技师 B 检查记录
　　　检查结果及处理建议：_____

项目 2：汽车整车维护双人快保操作规范 – 车辆举升位置 4

参考车型：一汽大众迈腾 B8　实训车型：_____
（1）技师 A 检查记录
　　　车轮紧固力矩：_____
　　　检查结果及处理建议：_____
（2）技师 B 检查记录
　　　机油加注量：_____
　　　无负荷充电电压：_____
　　　有负荷充电电压：_____
　　　尾气排放记录：_____
　　　检查结果及处理建议：_____

项目 3：汽车整车维护双人快保操作规范 – 车辆举升位置 5

参考车型：一汽大众迈腾 B8　实训车型：_____
（1）技师 A 检查记录
　　　检查结果及处理建议：_____
（2）技师 B 检查记录
　　　检查结果及处理建议：_____

项目4：汽车整车维护双人快保操作规范 – 车辆举升位置6

参考车型：一汽大众迈腾 B8　实训车型：_____

（1）技师 A 检查记录

　　检查结果及处理建议：_____

（2）技师 B 检查记录

　　检查结果及处理建议：_____

任务评价

一、自我评估

1. 判断题

（1）下降举升机的操作是技师 A。　　　　　　　　　　　　　　　(　　)

（2）车辆举升位置 3 操作中，车轮还没完全落地前，应安装车轮并对角
预紧固螺栓。　　　　　　　　　　　　　　　　　　　　　　(　　)

（3）为保证行车安全，紧固车轮螺栓时应尽量拧紧。　　　　　　(　　)

（4）测量蓄电池有负荷输出电压前，需打开大功率用电器，如前照灯等。(　　)

（5）机油滤清器安装在发动机上的位置都一样。　　　　　　　　(　　)

2. 单项选择题

（1）大众迈腾汽车的制动器摩擦片厚度使用极限是（　　）。
　　　A. 1.0mm（不含背板）　　　　B. 2.0mm（不含背板）
　　　C. 1.0mm（含背板）　　　　　D. 2.0mm（含背板）

（2）双人快保操作时，检查车轮和制动器的技师是（　　）。
　　　A. 技师 A　　　　　　　　　　B. 技师 B
　　　C. 两位技师各检查一侧　　　　D. 没有规律

（3）检查空调功能时，包括（　　）。
　　　A. 检查制冷系统能否工作　　　B. 检查各档位风速调节
　　　C. 检查风向切换功能　　　　　D. 以上都是

（4）双人快保车辆举升位置 5 举升车辆到工作高度，主要目的是（　　）。
　　　A. 紧固底盘螺栓　　　　　　　B. 检查油液，特别是发动机机油泄漏
　　　C. 检查轮胎　　　　　　　　　D. 检查排气管

（5）双人快保车辆举升位置 6 降低车辆到地面，两位技师应同时（　　）。
　　　A. 检查油液位置　　B. 清洁车内　　C. 收起防护三件套　　D. 5S 工作

二、自我评价

1. 通过本任务的学习，对照本任务的学习目标，你认为你是否已经掌握学习
目标？

　　知识目标：(　　)

　　A. 掌握　　　　　　B. 部分掌握　　　　C. 未掌握

　　说明：_____

技能目标：（　　）

A. 掌握　　　　　　　B. 部分掌握　　　　　C. 未掌握

说明：_____

2. 你是否积极学习，不会的内容积极向别人请教，会的内容积极帮助他人学习？
（　　）

A. 积极学习　　　　　　　　　　B. 积极请教

C. 积极帮助他人　　　　　　　　D. 三者均不积极

3. 工具设备和零件有没有落地现象发生，有无保持作业现场的清洁？（　　）

A. 无落地且场地清洁　　　　　　B. 有颗粒落地

C. 保持作业环境清洁　　　　　　D. 未保持作业现场的清洁

4. 实施过程中是否注意操作质量和有责任心？（　　）

A. 注意质量，有责任心　　　　　B. 不注意质量，有责任心

C. 注意质量，无责任心　　　　　D. 全无

5. 在操作过程中是否注意清除隐患，在有安全隐患时是否提示其他同学？（　　）

A. 注意，提示　　　　　　　　　B. 不注意，未提示

学生签名：_____

____年____月____日

三、教师评价及反馈

参照知识学习和技能操作的结果，评价学生本次工作任务的成绩。

请在 ☐ 上打 ✓：☐ 不合格　☐ 合格　☐ 良好　☐ 优秀

说明：_____

_____

教师签名：_____

____年____月____日